Dieses Handbuch gehört:
AF546198

Das Große Handbuch der Nixen & Wassermänner

Aus den Notizen von Darcy Delamare

Zusammengestellt von Emily Hawkins
Illustriert von Jessica Roux
Aus dem Englischen von Cornelius Hartz

PRESTEL
München • London • New York

Anmerkung des Verlags:

2017 begann die British Society of Natural Sciences, die britische Akademie der Naturwissenschaften, ihre historischen Archive zu digitalisieren. Dabei hat man dieses mit Salzwasser befleckte Buch entdeckt. Offenbar war sein Inhalt mehr als hundert Jahre lang ein Geheimnis.

Wir haben uns große Mühe gegeben, mehr über Darcy Delamare herauszufinden, aber bis jetzt sind wir nicht fündig geworden. Es gibt viele zuverlässige Berichte über die Fahrt der *Challenger*, aber nirgends werden Daniel Dawson oder Silas Crickshaw als Mitglieder der Expeditionsmannschaft genannt. Obwohl Frau Delamare in ihrem Tagebuch mehrmals Tauchgänge und die Tiefsee erwähnt, möchten wir darauf hinweisen, dass es keine Belege dafür gibt, dass an Bord der *Challenger* Taucheranzüge oder eine Taucherglocke mitgeführt wurden.

Daher haben wir Zweifel an der Echtheit des Inhalts dieses Buchs und präsentieren es nur als kurioses Fundstück.

Inhalt

St Michael's Rectory
Church Street
Lyme Regis
Dorset, England

21. Mai 1880

An den Vorsitzenden der British Society of Natural Sciences
Devonshire House, Piccadilly, London

Sehr geehrter Herr,

ich schreibe Ihnen aufgrund einer recht seltsamen Geschichte. Vor vier Jahren kehrte das Schiff HMS Challenger von einer dreieinhalbjährigen Expedition rund um die Welt zurück. Die Entdeckungen der Wissenschaftler an Bord über die Meere und das Leben darin stießen auf große Bewunderung. All das ist Ihnen natürlich längst bekannt, doch was ich zu berichten habe, wird Sie überraschen.

Ich war als Forschungsassistent mit auf dieser Reise. Ich bewarb mich unter dem Namen Daniel Dawson um die Stelle. Mein richtiger Name ist jedoch Darcy Delamare. Mir war bewusst, dass ich als Frau an der Expedition nicht teilnehmen konnte, also verkleidete ich mich als junger Mann. Ich bin am Meer aufgewachsen und war schon immer von der Unterwasserwelt fasziniert. Ich verbrachte viele Stunden in der Bibliothek meines Vaters und studierte die Werke von Charles Darwin und seinen Kollegen. Als ich erfuhr, dass eine wissenschaftliche Reise durch alle Weltmeere bevorstand, schwor ich mir, alles zu tun, um mir einen Platz an Bord zu sichern.

Während der Reise sahen wir viele bizarre Dinge und entdeckten Hunderte bislang unbekannter Meerestiere. Aber auch wenn Sie bereits Berichte über diese Entdeckungen gelesen haben, so gibt es doch eine Art von Lebewesen, deren Geschichte noch nicht erzählt worden ist. Es waren erstaunliche Wesen, die mir halb Fisch, halb Mensch zu sein schienen. Wir haben sie mit eigenen Augen gesehen, Sir, echte Nixen und Wassermänner, kurz: Wassergeister.

Seit wir wieder heimgekehrt sind, habe ich weitere Nachforschungen unternommen und dieses Buch zusammengestellt. Es enthält alle meine Erkenntnisse über diese mysteriösen Kreaturen. Ich füge zudem einige, wie ich hoffe, aufschlussreiche Einträge aus meinem Expeditionstagebuch bei. Ich hoffe, dass die Akademie die Veröffentlichung meiner Arbeit in Erwägung zieht, denn ich finde, es ist an der Zeit, dieses neue Wissen mit der Welt zu teilen.

Ich verbleibe in freudiger Erwartung Ihrer Antwort
Ihre
Darcy Delamare

PS: Ich bin mir durchaus bewusst, dass Ihnen meine Geschichte unglaubwürdig vorkommen mag, bitte Sie jedoch, keine voreiligen Schlüsse zu ziehen, bevor Sie nicht mein Buch gelesen haben. Denn gewiss werden Sie mir zustimmen, dass ein Forscher stets eines sein sollte: unvoreingenommen.

Leinen los!

Im Dezember 1872 stach die HMS *Challenger* von Portsmouth aus zu einer bemerkenswerten Entdeckungsreise in See. An Bord befanden sich sowohl 200 Matrosen der königlich britischen Marine als auch ein Team von Wissenschaftlern, die das Interesse am Meer und seinen Bewohnern verband. Sie hatten sich vorgenommen, mehr über das Leben unter Wasser zu erfahren. Und ich – Darcy Delamare, verkleidet als ein junger Mann namens Daniel Dawson – hatte das Glück, mit dabei zu sein.

Die Fahrt der Challenger

Die Expedition dauerte dreieinhalb Jahre. In dieser Zeit umrundete das Schiff den Globus. Es überquerte den Atlantik, erforschte den Indischen Ozean und den Pazifik und wagte sich sogar bis in die eisige Antarktis vor. Unterwegs vermaßen wir die Tiefe des Meers und sammelten Tausende Proben von den außergewöhnlichen Pflanzen und Lebewesen, die die Weltmeere bewohnen. Noch nie hatte es eine so aufwendige Reise gegeben, die ausschließlich wissenschaftlichen Erkenntnissen diente.

Wissenschaft auf See

Die *Challenger* war vorher ein Kriegsschiff gewesen, doch für die Expedition wurden die meisten Kanonen entfernt. Stattdessen wurden an Bord zwei Labore eingerichtet, mit Tausenden Probengläsern, leistungsstarken Mikroskopen und den neuesten wissenschaftlichen Geräten.

21. Dezember 1872, Portsmouth, England

Endlich hat unsere Reise begonnen. Nach vielen Monaten der Planung ist die letzte Woche der Vorbereitungen wie im Flug vergangen, und plötzlich bin ich hier an Bord – auf See! Als wir aus dem Hafen von Portsmouth ausliefen, habe ich mich keinmal umgedreht, sondern stand an Deck, das Gesicht im Wind, und begrüßte das weite Meer, das vor uns lag. Ich kann mein Glück kaum fassen. Welche Abenteuer halten die nächsten drei Jahre bereit? Welche Wunder liegen vor uns?

Daniel Dawson, bereit zur Abreise! Während der gesamten Fahrt wusste kaum jemand von der Besatzung, dass sich unter ihnen eine Frau befand. Manchmal lastete mein Geheimnis schwer auf mir, aber ich wusste, wenn es bekannt würde, hätte ich nicht weiter mitfahren dürfen. Erstaunlich, dass selbst in unserer fortschrittlichen Zeit viele Seeleute immer noch glauben, dass eine Frau an Bord Unglück bringt!

22. Dezember 1872

Die neuen Laboratorien sind so groß, dass für alles andere an Bord kaum Platz ist. Es ist ziemlich beengt. Zum Glück habe ich meine eigene Kajüte, wenn man das so nennen kann – es ist eher eine Abstellkammer. Wenigstens kann ich mich dort in Ruhe umziehen, ohne dass jemand meine Verkleidung entdeckt.
Ich habe mir das Haar abgeschnitten, um als Daniel durchzugehen, trage Kniebundhosen statt Rock. Ich kann nur hoffen, dass sich keiner wundert, dass ich mich nie rasiere …

Obere Reihe: John Buchanan (Chemiker), Professor Charles Wyville Thomson (wissenschaftlicher Leiter), William Pembre (Forschungsassistent), John James Wild (Zeichner), Silas Crickshaw (Naturforscher).

Untere Reihe: Henry Moseley (Naturforscher), John Murray (Naturforscher), Rudolf von Willemoes-Suhm (Naturforscher), Daniel Dawson (Forschungsassistent – das bin ich!) und Sam, unser treuer Bordhund.

Die ersten Wassergeister

Der gewaltige Ozean hat mich von klein auf fasziniert, vor allem die geheimnisvolle Welt der Wassergeister. Sagen über Nixen und Wassermänner – Wesen mit dem Oberkörper eines Menschen und dem Unterleib eines Fischs – sind so alt wie die Menschheit. Aber kann es wirklich reiner Zufall sein, dass es diese Geschichten überall auf der Welt gibt? Oder existieren diese Wesen wirklich? Ziel der Fahrt der *Challenger* war es, mehr über das Leben in der Tiefsee zu erfahren. Ich hatte insgeheim noch ein anderes Vorhaben: Ich wollte herausfinden, ob es Nixen und Wassermänner wirklich gibt.

Oannes

Eine der frühesten Abbildungen eines Wassermanns ist über 2700 Jahre alt. Sie wurde an einer Wand eines verfallenen Palasts aus dem alten Mesopotamien entdeckt. Dargestellt ist der Gott Oannes, der teils Fisch, teils Mensch gewesen sein soll. Der Sage nach stieg er jeden Morgen aus dem Meer, um den Menschen Wissenschaft und die Kunst des Schreibens zu lehren. Abends sprang er dann wieder ins Meer.

Atargatis

Atargatis hieß die fischschwänzige Göttin des Mondes und des Wassers, die vor etwa 3000 Jahren in Syrien verehrt wurde. Man glaubte, dass sie jeden Abend aus dem Meer aufstieg und über den Himmel wanderte (so wie der Mond), bevor sie bei Sonnenaufgang ins Wasser zurückkehrte.

Münzen aus der Antike zeigen Götter und Göttinnen mit Fischschwanz – ein Beweis, dass die Menschen schon seit Jahrtausenden von Wassergeistern fasziniert sind.

Viele unserer Sagen über Wassergeister stammen aus Schriften der griechisch-römischen Antike.

DAS ALTE GRIECHENLAND

Triton

In der Mythologie hatte Triton, der Sohn von Meeresgott Poseidon, einen Fischschwanz. Wenn er in sein Schneckenhorn blies, sorgte er für Wind und Seegang.

Nereiden

Diese schönen Meeresgeister wurden mal mit Beinen, mal mit Fischschwanz dargestellt. Sie galten als gutherzige Beschützerinnen von Seeleuten und Fischern, oft retteten sie Ertrinkende.

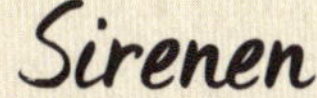

Sirenen

In antiken Mythen waren die Sirenen gefährliche Wesen, die bezaubernde Melodien sangen, um Schiffe auf Riffe zu locken, wo sie elend kenterten. Oft verwechselt man sie mit Nixen, dabei waren sie eigentlich halb Mensch, halb Vogel.

Das alte Rom

Der Schriftsteller Plinius der Ältere war der erste Naturforscher, der über Nixen schrieb. Er war überzeugt, dass es sie gab. In einer Übersetzung heißt es: „Sie [sind] am ganzen Körper und selbst da, wo sie dem Menschen ähnlich sehen, mit Schuppen bedeckt."

Yawkyawks

Die Gunwinggu in Nordaustralien erzählten sich von den Yawkyawks, Wesen mit dem Oberkörper einer Frau und dem Schwanz eines Fischs, die in Seen und Flüssen lebten. Ihr Haar ähnelte in der Strömung treibenden Wasserpflanzen, und sie konnten Regen und Sturm erzeugen.

30. Dezember 1872, Bucht von Rande, Spanien

Kaum hatten wir England hinter uns gelassen, gerieten wir in die schlimmsten Stürme. Da ich mich noch nicht an den Seegang gewöhnt hatte, blieb ich eine ganze Woche in meiner Kajüte und musste mich immer wieder übergeben. Wobei es nicht nur mir so erging, sondern auch allen Wissenschaftlern und sogar einigen abgehärteten Seeleuten. Das Schiff schwankte so stark, dass in der Kombüse das Geschirr zerbrach. Aber heute ist ein neuer Tag! Der Sturm hat sich gelegt, und wir sind aus unseren Kajüten gekrochen und mit neuem Elan an Deck gegangen.

Die Matrosen – abergläubisch, wie sie sind – scherzen, Meerjungfrauen hätten die Stürme verursacht. Natürlich glaube ich nicht, dass Nixen das Wetter beeinflussen. Trotzdem frage ich mich, ob an den uralten Geschichten über Wassergeister nicht doch etwas dran ist. Vielleicht werden wir es auf unserer Reise herausfinden.

Sichtungen in Europa

Anfang des 19. Jahrhunderts veröffentlichten britische Zeitungen Briefe von Menschen, die behaupteten, vor der Küste Nordschottlands Nixen gesehen zu haben. Jemand beschrieb eine blauäugige Gestalt, die auf einem Felsen saß und ihr wallendes Haar kämmte. Auch aus anderen Teilen Europas gibt es Berichte über seltsame Meeresbewohner. Im 16. Jahrhundert beschrieben Naturforscher einen „Seemönch", der vor der Küste Norwegens gefangen wurde, und einen „Seebischof" aus Polen im langen Gewand.

Entdeckungen in der Neuen Welt

Als Christoph Kolumbus 1492 von Spanien aus nach Westen aufbrach, hoffte er, eine neue Handelsroute nach Asien zu finden. Stattdessen stieß er auf Amerika, die „Neue Welt", und dort auf etwas sehr Geheimnisvolles. Im Logbuch vom 9. Januar 1493 steht, dass Kolumbus in der Karibik drei Nixen gesichtet habe. (Es kann sein, dass es in Wirklichkeit Seekühe waren.) Im Jahr 1610 behauptete Kapitän Richard Whitbourne, im Hafen von St. John's in Kanada eine Nixe gesehen zu haben. Er beschrieb ein wunderschönes Gesicht und „blaue Streifen, die wie Haare aussahen".

Seemönch und Seebischof können möglicherweise auch Riesenkalmare gewesen sein. Ihre Abbildungen tauchten 1558 in einem Naturkundebuch auf, neben einem seltsam affenartigen Triton und einem ziegenhörnigen Meeressatyr.

Nixe gesichtet!

Seit dem Altertum werden aus aller Welt immer wieder Sichtungen von unterschiedlichen Wassergeistern gemeldet. Seefahrer berichten verblüffend häufig, dass sie eine Nixe gesehen haben, aber heutzutage tun die meisten Menschen – vor allem meine Forscherkollegen – diese Geschichten als Hirngespinste oder Irrtümer ab. In Wirklichkeit seien das nur Seekühe oder Robben, die man für Fabelwesen hält. Aber könnte es nicht auch eine andere Erklärung geben?

Nixen in Südostasien

Im 17. Jahrhundert schrieb der niederländische Priester François Valentijn ein Buch über die Tierwelt der indonesischen Insel Amboina. Eine Illustration zeigte eine bemerkenswerte Kreatur: Die „Nixe von Amboina" wurde berühmt und weckte das Interesse von König Georg III. von England und Zar Peter dem Großen von Russland.

Der eisige Norden

Wassergeister wurden auch in Polargewässern gesichtet. Nach seiner Arktisfahrt im Jahr 1608 berichtete der britische Seefahrer Henry Hudson, zwei seiner Kollegen hätten eine Nixe gesehen. Sie habe weiße Haut und langes schwarzes Haar gehabt, einen Schwanz, der wie der eines Schweinswals aussah, mit Streifen wie eine Makrele.

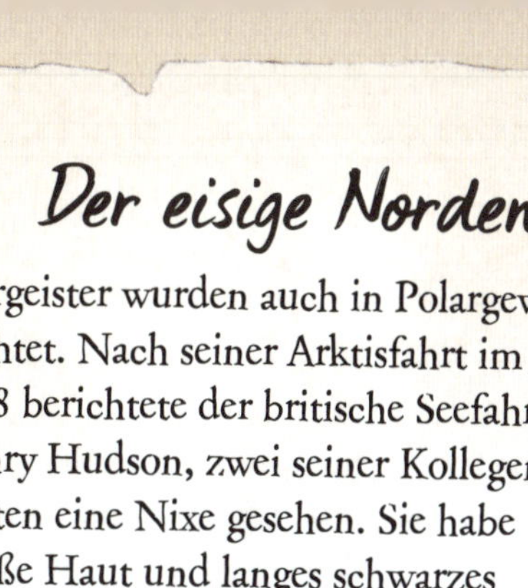

Die „Fidschi-Meerjungfrau"

Im Jahr 1822 tauchte in London der tote Körper einer angeblich „echten Nixe" auf, den ein amerikanischer Kapitän in Indonesien gekauft hatte. Das bemitleidenswerte Ding war ganz vertrocknet und faltig, hatte krallenartige Finger und einen gequälten Gesichtsausdruck. Es wurde in einem Kaffeehaus ausgestellt, wo jeden Tag Hunderte Menschen Schlange standen, um für einen Shilling einen Blick auf die Kreatur zu werfen. Jahre später bekam sie der amerikanische Schausteller P. T. Barnum in die Finger. Er behauptete, sie sei in der Nähe der Fidschi-Inseln gefangen worden. In Wirklichkeit war die „Nixe" gar nicht echt: An den Kopf und Rumpf eines Affen hatte jemand den Schwanz eines Fischs genäht.

Es gab viele solcher Fälschungen, mit denen leichtgläubigen Menschen das Geld aus der Tasche gezogen wurde.

11. Februar 1873, Santa Cruz, Teneriffa

Gestern Abend geschah etwas Seltsames. Die Forscher waren zu einem Ausflug zum Vulkan der Insel aufgebrochen, aber ich war an Bord geblieben, um im Labor zu arbeiten. Nach dem spärlichen Abendessen ging ich an Deck, um Luft zu schnappen. Als ich mich über die Reling lehnte, um mir den Sonnenuntergang anzuschauen, blitzte im Wasser etwas auf. Und dann gleich wieder: Silberne Schuppen schimmerten in den Wellen. Bevor ich meine Gedanken sammeln konnte, tauchte ein Gesicht auf – es sah fast menschlich aus und war umrahmt von blaugrünem Haar. Das Wesen warf mir einen langen Blick zu, bevor es abtauchte und noch einmal mit der Schwanzflosse schlug.

Dann war das Wasser wieder ganz ruhig, als wäre nichts gewesen. Aber in meinem Inneren brach ein Sturm los. Das Blut pochte in meinen Ohren und meine Haut kribbelte, so aufgeregt war ich. Nach nur zwei Monaten an Bord hatte sich mein lang gehegter Wunsch bereits erfüllt! Ich wusste es: Die Geschichten der Seeleute waren nicht bloß Lügenmärchen … Wassergeister gibt es wirklich!

Was sind Wassergeister?

Auf der über drei Jahre dauernden Fahrt der *Challenger* habe ich viele Arten von Wassergeistern in ihrem Lebensraum beobachten können. Es sind rätselhafte Kreaturen: Sind sie nun Säugetiere oder Fische? Atmen sie durch Lungen oder Kiemen? Die verschiedenen Spezies sind so vielfältig, dass ich mit meinen Nachforschungen gerade erst an der Oberfläche gekratzt habe. Trotzdem will ich versuchen, diese kniffligen Fragen zu beantworten.

Wie andere Spezies von Wassergeistern hat der STACHELIGE SEEDRACHE Flossen und Schuppen wie ein Fisch, aber die Arme, den Kopf und den Rumpf eines menschenähnlichen Säugetiers.

Säugetier oder Fisch?

Naturforscher teilen Pflanzen und Tiere nach ihren Merkmalen in verschiedene Gruppen ein, aber bei den Wassergeistern ist das nicht so einfach. Dass sie menschenähnliche Züge haben und ihre Jungen mit Milch säugen, legt nahe, dass sie Säugetiere sind, doch ihren Flossen, Schuppen und Kiemen nach müssten sie Fische sein. Ich glaube, dass Nixen und Wassermänner eierlegende Säugetiere sind, die im Stammbaum der Evolution näher an den Fischen liegen als wir Menschen.

Der Lungenfisch: zwischen zwei Welten

Wassergeister scheinen ein Mittelding aus Fischen und Säugetieren zu sein. Aber damit sind sie nicht allein. Der Lungenfisch ist auch so eine seltsame Kreatur: Anders als die meisten Fische hat er sowohl Kiemen als auch eine Lunge, kann also unter Wasser und an Land atmen. Er lebt in Afrika, Südamerika und Australien in Seen und Flüssen. Wenn sie austrocknen, kann der Lungenfisch jahrelang überleben, indem er sich aus Schlamm eine Höhle baut und durch die Lungen atmet, bis das Wasser zurückkehrt.

Sind Wassergeister unsere Vorfahren?

1859 stellte der berühmte Naturforscher Charles Darwin seine Evolutionstheorie auf: dass sich Lebewesen über lange Zeiträume hinweg verändern, um sich ihrer Umgebung anzupassen. Unter den Wissenschaftlern an Bord unseres Schiffs gab es viele Diskussionen über Darwins Ideen und darüber, ob das Leben auf der Erde vor Millionen Jahren im Meer begonnen haben könnte. In einem seiner Briefe fragte sich Darwin, ob vielleicht ein Meeresbewohner der Vorfahr des Menschen war, „ein Tier, das Wasser atmete, eine Schwimmblase und einen großen Schwimmschwanz hatte“. Später verwarf er diese Idee, aber vielleicht ist da ja doch etwas dran?

Vielleicht war unser Urahn ja eine Kreatur, der irgendwann Beine wuchsen und die aus dem Meer an Land ging? Ich bin mir sicher, viele Forscher würden das bestreiten, aber es ist ein interessanter Gedanke!

An Wunder glauben

Wir traten unsere Reise mit wachen Augen und einem offenen Geist an. Wenn man die Natur erforscht, ist es laut dem Biologen Alfred Russel Wallace wichtig, offen für neue Ideen zu sein und nicht sofort abzutun, was wir nicht verstehen. Er meint, der erste Mensch, der einen fliegenden Fisch gesehen hat, müsse geglaubt haben, er sei Zeuge eines Wunders. Aber das heißt nicht, dass es keine fliegenden Fische gibt. Alles kommt einem wie ein Wunder vor, bis jemand es erklären kann. Ich hoffe, meine Kollegen werden bei der Lektüre meines Buchs an diese Worte denken!

Um vor Fressfeinden zu fliehen, springt ein fliegender Fisch aus dem Wasser und gleitet über die Oberfläche, seine Flossen dienen als Flügel.

25. März 1873, Jungferninseln

Jedes Mal, wenn das Schiff vor Anker geht, werfen wir Netze aus, um Pflanzen und Tiere zu sammeln. Diese Proben kommen in Gläser mit einer Konservierungsflüssigkeit. In den ersten Tagen der Reise versammelten sich immer alle, wenn ein Netz eingeholt wurde, um sich anzuschauen, welche seltsamen Kreaturen wir gefangen hatten. Aber im Laufe der Wochen ließ die erste Begeisterung nach.

Heute Nachmittag holte ich zusammen mit Silas Crickshaw, einem unserer Naturforscher, das Netz ein. Darin befand sich ein höchst merkwürdiger Fang: eine Nixe, die uns zornig anschaute! Kaum hatten wir sie aus dem Netz befreit, schlitterte sie mit peitschendem Schwanz über Deck zur Reling und sprang zurück ins Wasser. Wir waren verblüfft. Wenn ich darüber nachdenke, bin ich froh, dass sie fliehen konnte. Ich möchte die Nixen, die ich finde, zeichnen und nicht in Gläsern konservieren.

Anatomie

Nixen werden meist als schöne, langhaarige junge Frauen dargestellt. In Wirklichkeit sehen sie aber ganz unterschiedlich aus. Es gibt verschiedene Spezies von Wassergeistern, die unterschiedlich groß sind: Manche messen kaum einen Meter, andere sind ähnlich groß wie Menschen. Je nach Lebensraum und Gewohnheiten weist jede Spezies unterschiedliche Körpermerkmale und Flossenstellungen auf. Ich möchte hier nur einige allgemeine Merkmale beschreiben, die auf viele Wassergeister zutreffen.

Viele Spezies haben eine Rückenflosse, die beim Schwimmen für Gleichgewicht und Stabilität sorgt.

Das Haar von Wassergeistern ist mit speziellen Sinneszellen versehen, mit denen sie Bewegungen im Wasser wahrnehmen und so Beute oder Fressfeinde orten können. Bei einigen Arten gleicht das Haar seetangähnlichen Ranken, die zur Tarnung dienen. Bei anderen sind diese gewellten Anhängsel giftig – sie stechen damit Feinde, die ihnen zu nahe kommen. Weibliche Wassergeister verhalten sich meist wie Jäger und Sammler und wagen sich auf der Suche nach Nahrung auch ins offene Meer. Daher haben die Weibchen oft längeres Haar als die Männchen: So können sie sich besser schützen.

Die Schwänze der meisten Spezies sind mit Schuppen bedeckt, die wie ein biegsamer Schutzpanzer wirken. Die Schuppen dürfen nicht austrocknen, deshalb kann sich ein Wassergeist nicht allzu lange an Land aufhalten.

Links und rechts am Rumpf befinden sich die Kiemen. Wassergeister können unter Wasser mit ihren Kiemen atmen und über Wasser mit ihrer Lunge.

In den Augen haben sie eine sogenannte „Nickhaut“, ein durchsichtiges drittes Augenlid, das sich unter Wasser zum Schutz vor das Auge klappen lässt. So eine Nickhaut haben viele Tiere, z. B. Fischotter und Seekühe.

Die Haut des Oberkörpers ist glatt und geschmeidig, wie die eines Delfins. Dank dieser stromlinienförmigen Oberfläche können Wassergeister mühelos durch das Wasser gleiten. Die Körper der verschiedenen Spezies haben unterschiedliche Merkmale, mit denen sie sich an diverse Lebensräume angepasst haben.

Wassergeister haben Schwimmhäute zwischen den Fingern. Dadurch werden die Hände zu Paddeln, mit denen sie sich im Wasser leichter fortbewegen und die Richtung verändern können.

Die Schwanzflosse nennt man Fluke. Mit den Muskeln am Rücken bewegen sie die Fluke auf und ab, um schnell durch das Wasser zu gleiten.

UNTER WASSER ATMEN

Wie alle Lebewesen brauchen auch Wassermänner und Nixen zum Leben Sauerstoff. Unter Wasser atmen sie genau wie Fische: Beim Schwimmen schlucken sie Wasser, das dann durch spezielle Schlitze entweicht, die Kiemen. Diese befinden sich links und rechts am Rumpf. Die Kiemen entziehen dem Wasser Sauerstoff, der dann in den Blutkreislauf gelangt.

Wasser wird durch den Mund aufgenommen ...

... und tritt durch die Kiemen wieder aus.

SCHWIMMEN UND SINKEN

Ich vermute, dass Wassergeister wie Fische eine Schwimmblase haben, ein mit Gas gefülltes Organ. Über die Gasmenge kontrollieren sie, ob sie aufsteigen oder sinken. Zum Auftauchen füllen sie die Schwimmblase mit Sauerstoff, den sie mit den Kiemen aus dem Wasser aufnehmen. Zum Abtauchen leeren sie die Schwimmblase.

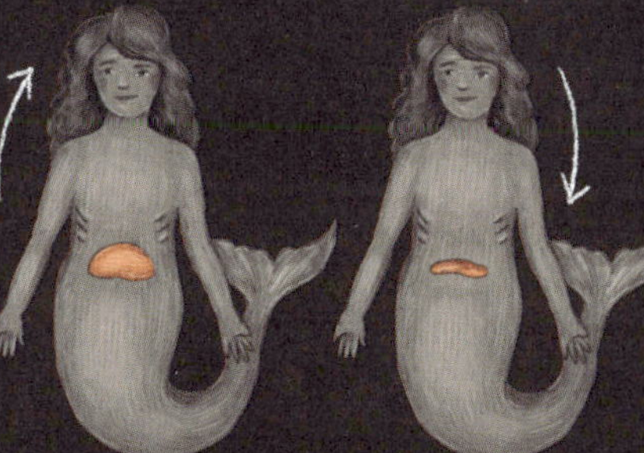

Wenn sich die Schwimmblase mit Luft füllt, steigt die Nixe auf.

Wenn die Schwimmblase geleert wird, sinkt die Nixe.

BEWEGUNGEN

Zum Schwimmen bewegen Wassergeister ihren Schwanz auf und ab, ähnlich wie Wale, Delfine und andere Meeressäuger. Bei Fischen und Haien ist das anders: Sie bewegen ihre vertikale Schwanzflosse hin und her.

Bewegung der Fluke: auf und ab.

Bewegung des Fischschwanzes: hin und her.

Schwanzflossen

Die Schwanzflossen von Nixen und Wassermännern sehen je nach Spezies ganz unterschiedlich aus. Manche ähneln den Flossen von Fischen, andere den Fluken von Walen. Wieder andere sehen aus wie die Schwänze von Seehunden, Seepferdchen oder sogar von Hummern. Die Schwanzflosse hilft uns, die jeweilige Wassergeist-Spezies zu bestimmen.

1. Merrow *(Syreni ibernia)*
2. Selkie *(Syreni phoca)*
3. Suvannamaccha *(Syreni siama)*
4. Ostpazifischer Springer *(Syreni vātea)*
5. Sargassosee-Nymphe *(Syreni sargassi)*
6. Regenbogen-Nymphe *(Syreni polycolor)*
7. Karibische Meeresnymphe *(Syreni flabelli)*
8. Nehwas *(Syreni algae)*
9. Tang-Nymphe *(Syreni phycodura)*
10. Jiaoren *(Syreni sinesis)*

3.
4.
5.
6.
8.
9.
10.

Der Lebenszyklus von Wassergeistern

Wassergeister haben einen ungewöhnlichen Lebenszyklus. Sie legen Eier wie Fische. Doch anders als viele Fische bewachen sie ihre Eier und passen auf den Nachwuchs auf, bis er alt genug ist, um für sich selbst zu sorgen. Obwohl die Weibchen die Eier legen, sind es meist die Männchen, die Eier und Jungtiere beschützen, während die Weibchen nach Nahrung suchen. Deshalb sieht man Wassermänner viel seltener an der Wasseroberfläche als Nixen.

1. Nixen-Ei

Die Nixe legt zwei oder drei Eier an einem sicheren Ort ab – in einer leeren Muschel, auf einem Seegrasbusch oder einem Korallenstück. Die Eier sehen Fischeiern ganz ähnlich. Die Schale ist durchsichtig und gallertartig. Sie brauchen keine harte Schale, da sie unter Wasser ohnehin nicht austrocknen.

2. Embryo

Jetzt entwickeln sich in den Eiern Embryos. Das Männchen wacht geduldig über die Brut und hält Fressfeinde fern. Das Weibchen kommt regelmäßig vorbei, um nach ihrem Nachwuchs zu sehen und das Männchen mit Nahrung zu versorgen.

Karibische Meeresnymphe: Entwicklungsstadien

3. Säugling

Wenn sie geschlüpft sind, haben die Kinder der Wassergeister noch nicht ihr schützendes Haar und sind ganz wehrlos. Die Säuglinge können sich noch nicht selbst versorgen, deshalb kümmert sich der Vater weiterhin um sie. Das Weibchen kommt immer wieder vorbei, um sie zu säugen.

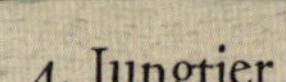

4. Jungtier

Die Jungtiere leben oft in sogenannten Kinderstuben zusammen. Sie sind verspielt und verletzen sich leicht an Felsen oder Korallen, deshalb müssen sie von den Vätern beaufsichtigt werden. Wenn sie langes Haar haben, sind sie alt genug, um den Schutz der Kinderstube zu verlassen und für sich selbst zu sorgen.

Bestimmung von Eiern

Die SARGASSOSEE-NYMPHE legt ihre Eier auf Sargassum ab. Die Eier ähneln den winzigen Luftblasen, die am Tang kleben, was sie vor Fressfeinden schützt.

Die Eier des KORALLEN-CHAMÄLEONS finden sich in den schützenden Gabelungen von Hirschgeweihkorallen.

Bei den durchsichtigen Eiern der MERRYMAID kann man die blaugrünen Schwänze der sich entwickelnden Embryos sehen.

Wie einige Tintenfischarten hängen auch die NINGYOS ihre Eier an überhängenden Felsen auf, gut versteckt vor Fressfeinden.

Bestimmung von Säuglingen

Genau wie sich junge Seepferdchen an Seetang festhalten, um nicht fortzutreiben, klammern sich die Säuglinge der SARGASSOSEE-NYMPHE mit ihren spiralförmigen Schwänzen fest.

Nach dem Schlüpfen bleiben die Säuglinge des KORALLEN-CHAMÄLEONS in der Nähe des Riffs und spielen in den Zweigen der Korallen.

In der Kinderstube der NINGYOS vor der Küste Japans schlafen die Säuglinge in Muschelschalen.

Eine leere Herzmuschelschale dient den Säuglingen der MERRYMAID als Bett.

16. April 1873, Bermuda

Seit unserem überraschenden Fang haben Silas und ich ein paar weitere Wassergeister gesichtet, allerdings nur aus der Ferne. Er besteht darauf, dass wir den anderen (noch) nichts von unseren Entdeckungen erzählen. Er meint, sie würden uns auslachen. Ich mag dieses Geheimnis nicht für mich behalten, aber Silas ist nun einmal mein Vorgesetzter.

Heute durfte ich tauchen gehen, darauf habe ich mich lange gefreut! Silas und ich zogen Taucheranzüge an und setzten Helme auf, die von oben mit Luft versorgt wurden. Dann erkundeten wir das Korallenriff. Es war ein großartiges Erlebnis – erst hatte ich Angst, aber ich gewöhnte mich schnell an die seltsame stille Unterwasserwelt. Am Rand des Riffs machten wir eine bemerkenswerte Entdeckung: eine Kinderstube von Wassergeistern, wo winzige Jungtiere in den Korallen spielten. Entzückend!

Das Verhalten der Wassergeister

In den Jahren, die wir auf See waren, konnte ich das Verhalten ganz verschiedener Spezies von Wassergeistern beobachten. Sie sind gesellige Wesen, die in unterschiedlich großen Gruppen leben.

Einige Arten sind erstaunlich intelligent und nutzen z. B. verschiedene Werkzeuge. Die Forschung über Wassergeister steht erst am Anfang. Hier ist nur eine kurze Einführung in ihre Gewohnheiten.

Langstreckenschwimmer

Ich habe Wassergeister zu verschiedenen Jahreszeiten beobachtet und glaube, dass einige Arten mehrmals im Jahr lange Reisen unternehmen, so wie Wale. Im Frühling ziehen Gruppen von Südpolar-Nixen auf der Suche nach Futterplätzen in Richtung Antarktis. Im Winter kehren sie in nördlichere Regionen zurück, wo das Wasser wärmer ist. Woher sie ihre Routen kennen, kann ich nur vermuten: Vielleicht orientieren sie sich an der Sonne und den Sternen.

Der OSTPAZIFISCHE SPRINGER hüpft oft mehrere Meter hoch in die Luft und dreht sich dabei um die eigene Achse – ein spektakulärer Anblick.

Kunstvolle Sprünge

Einige Arten hat man dabei beobachtet, wie sie ähnlich wie Delfine aus dem Wasser in die Luft springen. Vielleicht übermitteln sie so den anderen Mitgliedern der Gruppe Nachrichten. Es kann aber genauso gut sein, dass sie damit bloß irgendwelche lästigen Kreaturen abschütteln, z. B. Schiffshalter-Fische, die sich an ihren Körpern festsaugen. Oder macht es ihnen einfach nur Spaß?

Bastelstunde

Wassergeister sammeln oft am Strand, aus Schiffswracks und vom Meeresboden Gegenstände, die sie auf unterschiedliche Weise verwenden. Manche bauen sich aus Muscheln schützende Körperpanzer, andere schnitzen sich aus Knochen Speere für die Jagd und zur Verteidigung. Einige Arten schmücken sich mit Perlen und Stücken von Muscheln und Korallen. Damit gehören Wassergeister zu den intelligentesten Meeresbewohnern, die mir je begegnet sind.

Die Bedeutung des Kämmens

Das wichtigste Werkzeug einer Nixe ist wahrscheinlich ihr Kamm. Vielen dient dazu die stachelige Schale der Venuskammschnecke. Mit ihrem Haar kann die Nixe Fressfeinde aufspüren und abwehren, während sie auf der Suche nach Nahrung das Meer durchstreift. Dazu muss es immer frei von Algen und Parasiten sein. Nixen sitzen oft auf Felsen oder am Strand und kämmen sich dort – vermutlich ist es an der Luft einfacher, das Haar zu entwirren, als unter Wasser. Ich kann die Berichte von sich kämmenden Nixen bestätigen, aber ich habe noch keine mit einem Handspiegel gesehen ...

Wenn Gruppen von ATLANTIK-HARLEKINEN im offenen Meer unterwegs sind, nehmen sie ihre Jungtiere in die Mitte, um sie vor Haien und anderen Raubfischen zu schützen.

9. Mai 1873, Halifax, Kanada

Heute fuhren wir an einem wunderschön klaren Morgen in den Hafen von Halifax ein. Da bemerkte ich eine Gruppe von Wassergeistern, die das Schiff begleiteten und durch die Wellen sprangen. Bei einer Nixe hatte die Schwanzflosse eine andere Farbe als bei den anderen. Ich glaube, sie hat sie als Ersatz für eine fehlende oder beschädigte Fluke angefertigt. Was für einfallsreiche Geschöpfe diese Wassergeister sind!

Versunkene Schiffe

Gelegentlich wohnen Gruppen von Wassergeistern in Schiffswracks, die ihnen Schutz vor Haien und vor der Meeresströmung bieten. Vermutlich können sie Werkzeuge, die sie darin finden, gut gebrauchen. Kämme und Haarbürsten wären eine besonders nützliche Beute. Alte Seemannslieder erzählen von Nixen, die Stürme heraufbeschwören, um Schiffe zu zerstören. Dafür gibt es aber keine Beweise. Auch wenn sie oft in Schiffswracks wohnen, kann ich mir nicht vorstellen, dass sie selbst dafür sorgen, dass diese Schiffe sinken.

Behausungen

In Märchen und Sagen wohnen Wassergeister in prächtigen Unterwasserpalästen, doch das stimmt nicht. Ihre Behausungen ähneln denen anderer Meeresbewohner: Manche leben in Korallenriffen, manche in Höhlen, andere in Seetangwäldern. Einige Spezies scheinen gar kein Zuhause zu haben und schlafen beim Schwimmen, wie Wale und Delfine.

Unterwasserhöhlen

Einige Spezies von Wassergeistern finde in Höhlen und Felsspalten Unterschlup Oft müssen sie mit anderen Lebewesen wie Kraken und Muränen, um die besten Plätze kämpfen.

16. Juli 1873, Madeira

Heute Morgen sind wir zum Wrack einer gesunkenen Galeone hinuntergetaucht. Es war gespenstisch: Beim Anblick des verlassenen Decks ging mir durch den Kopf, wie lebhaft es einst an Bord zugegangen sein musste. Doch dann erhellte ein Sonnenstrahl das Wrack, und ich sah, wie aus einer Luke eine vertraute Gestalt schlüpfte, gefolgt von einer weiteren. Sie schienen eine Art Spiel zu spielen, lächelten und schubsten einander, während sie um die Wette zur Wasseroberfläche schwammen. Ich fand es schön, dass das alte Wrack jetzt einer Wassergeist-Familie als Zuhause dient.

Mehrere Arten von Wassergeistern, wie der PAZIFISCHE WANDERER, schlafen aufrecht im Wasser treibend.

Wache halten

Einige Arten von Wassergeistern verbringen die meiste Zeit ihres Lebens im offenen Meer. Um zu schlafen, finden sie sich in Gruppen zusammen und schlummern aufrecht im Wasser treibend, wie Pottwale. Einer der Gruppe hält immer Wache, damit die anderen sicher schlafen können.

Auf dem Speiseplan

Was essen Wassergeister? Je nach Größe und Lebensraum ernähren sie sich von Fischen, Muscheln oder Algen.

Da es nicht immer einfach ist, in den Weiten des Meers Nahrung aufzuspüren, haben sie einige ganz spezielle Techniken entwickelt.

Zusammenarbeit

Genau wie Delfine gehen einige Spezies von Wassergeistern in kleinen Gruppen auf die Jagd. NINGYOS haben eine Technik, mit der sie gemeinsam einen Fischschwarm an die Wasseroberfläche treiben. Dann schwimmen sie abwechselnd mitten hindurch und schnappen sich ein paar Fische.

Um ihre Beute zusammenzutreiben, tun sich die Wassergeister manchmal mit anderen Meeresbewohnern, wie Rochen und Delfinen, zusammen.

Ein atemberaubendes Schauspiel

Als ich einmal eine Gruppe von SÜDPOLAR-NIXEN beobachtete, wurde ich Zeuge einer interessanten Jagdtechnik. Nachdem sie einen Schwarm Leuchtsardinen aufgestöbert hatten, schlugen sie mit ihren Schwanzflossen kräftig nach unten und sandten damit heftige Impulse durch das Wasser, die die Fische lähmten. Dann konnten sie sie ganz einfach einsammeln. Bisher kannte ich diese Technik nur von Orcas, umso mehr staunte ich, dass diese Wassergeister das Gleiche taten.

AUS KNOCHEN GESCHNITZTER DREIZACK

DOLCH AUS DEM STACHEL EINES STACHELROCHENS

SPEER AUS DEM HORN EINES NARWALS

Speere und Dreizacke

Wassergeister verwenden bei der Jagd und zur Verteidigung gegen größere Fressfeinde manchmal Waffen, die sie aus Stoßzähnen, Knochen oder Korallen herstellen. In Sagen und auf Abbildungen benutzen Wassergeister oft einen dreizackigen Speer: den Dreizack. Im antiken Griechenland wurde er zum Fischen eingesetzt. Auch der Meeresgott Poseidon trug einen bei sich. Darstellungen wie diese beruhen wahrscheinlich auf echten Sichtungen. Ich habe mehrmals beobachtet, wie Wassergeister mit einem Dreizack jagen – wenn man Fische aufspießen will, sind drei Zacken wohl besser als einer!

Die Nahrungskette im Ozean

Eine Nahrungskette zeigt, welche Lebewesen welche fressen. Die Nahrungsketten verschiedener Lebensräume haben viele Gemeinsamkeiten, aber sie unterscheiden sich nach den Pflanzen und Tieren, die dort leben. So sieht nach meinen Recherchen die Nahrungskette im Ozean aus – auch die Wassergeister haben darin einen Platz.

PHYTOPLANKTON
Diese pflanzlichen Kleinstlebewesen holen sich ihre Energie aus dem Sonnenlicht. Man nennt sie PRODUZENTEN.

ZOOPLANKTON
Diese tierischen Kleinstlebewesen fressen das Phytoplankton. Pflanzenfresser, die sich von Produzenten ernähren, nennt man PRIMÄRKONSUMENTEN.

KLEINE FISCHE
Die Primärkonsumenten dienen größeren Tieren wie kleinen Fischen, den SEKUNDÄRKONSUMENTEN, als Nahrung.

WASSERGEISTER
Größere Fische oder Meeressäuger – auch einige Wassergeister – ernähren sich von Sekundärkonsumenten. Sie sind TERTIÄRKONSUMENTEN.

HAIE
Der SPITZENRÄUBER steht in der Nahrungskette ganz oben. Er hat keine natürlichen Feinde. Im Ozean sind das vor allem die Haie.

Muschelfang

Viele Wassergeister ernähren sich von Muscheln, Austern und anderen Schalentieren. Am australischen Great Barrier Reef entdeckte ich eine clevere REGENBOGEN-NYMPHE, die auf dem Meeresgrund nach vergrabenen Muscheln suchte. Sie blies einen Wasserstrahl aus, mit dem sie den Sand aufwühlte und die Muscheln freilegte. Dann trug sie diese an die Oberfläche, um die Schalen an einem Felsen zu knacken.

Algen & Co.

Nicht nur Fische und Muscheln stehen auf dem Speiseplan der Wassergeister: Einige Spezies ernähren sich von Seegras, Algen und Tang.

Das Meer leuchtet

Einige Lebewesen sind in der Lage, ihr eigenes Licht zu erzeugen. Dazu gehören auch viele Arten von Zooplankton. Dieses beeindruckende Phänomen nennt man „Biolumineszenz". Manche Wassergeister nutzen leuchtendes Plankton als Wegweiser, um in den Weiten des Ozeans Beute aufzuspüren. Fische werden von dem Licht angelockt und wollen das Plankton fressen, und die Wassergeister ernähren sich von diesen Fischen. Vielleicht dient das Licht dem Plankton so zur Verteidigung, indem es größere Lebewesen anlockt, die die kleinen Fische verspeisen, bevor diese das Plankton fressen. Genial!

14. August 1873, Kapverdische Inseln

Letzte Nacht brachte das Licht riesiger Planktonschwärme das Meer zum Leuchten. Unser Schiff bahnte sich den Weg durch die Wellen und schien einen leuchtenden Schleier hinter sich herzuziehen. Es war, als wären die Sterne in ihrer ganzen Pracht vom Himmel gefallen und hinter uns in den Ozean gestürzt. Vom Heck aus sah ich zwei Nixen durch die glitzernden Fluten huschen. Ob sie vom Licht angelockt wurden und planktonfressende Fische jagten? Wie clever!

Wassergeister und andere Tiere

Mehrere Arten von Wassergeistern haben spezielle Partnerschaften mit anderen Meeresbewohnern aufgebaut. Wenn zwei Spezies so zusammenleben, dass beide davon profitieren, dann nennt man das „Symbiose".

Ein sicherer Zufluchtsort

In den tropischen Gewässern des Great Barrier Reef lebt der RIFFENGEL, dessen Haar den Tentakeln der Seeanemone ähnelt. Die meisten Lebewesen halten sich von den giftigen Haarspitzen fern, aber ein kleiner Fisch ist gegen das Gift immun: der Clownfisch. Er lebt im Haarschopf des Riffengels und ist dort sicher vor Fressfeinden. Dafür pickt er Parasiten aus dem Haar seines Wirts und hält nach Gefahren Ausschau, während der Riffengel schläft.

Freunde im Wald

Viele Spezies von Wassergeistern sind in Tang- und Seegraswäldern zu Hause. Im Atlantik lebt die winzige SARGASSOSEE-NYMPHE Seite an Seite mit Seepferdchen im Seegras. Auf der Suche nach Nahrung schwimmt die Nymphe den Seepferdchen hinterher, die Experten im Aufspüren winziger Garnelen sind. Im Gegenzug verteidigt die Nymphe die Seepferdchen vor Jägern.

Die Nixe und der Krake

Der PAZIFISCHE WANDERER pflegt eine ganz spezielle Freundschaft mit dem Pazifischen Riesenkraken. Die beiden intelligenten Wesen scheinen eine besondere Form der stummen Kommunikation zu beherrschen. Die Wassergeister knacken Muscheln für den Kraken, dafür beschützt der Krake sie mit seinen kräftigen Tentakeln und seinem giftigen Biss vor Fressfeinden.

Wale und Delfine

Einige Spezies von Wassergeistern pflegen besonders enge Beziehungen zu Walen und Delfinen und begleiten sie auf ihren alljährlichen Wanderungen. Ich glaube, Wassergeister können sich mit anderen Meeressäugern mit Pfeif- und Klicklauten unterhalten.

Wassergeister und Delfine sind gute Freunde. Sie gehen oft zusammen auf die Jagd und beschützen einander vor Haien.

Ganz besonders scheinen Wassergeister den majestätischen Blauwal zu mögen, das größte Tier der Welt. Auf unserer Reise habe ich mehrmals gesehen, wie Gruppen von Nixen und Wassermännern neben einem dieser sanften Riesen schwammen. Ob sie die Wale warnen, wenn sich Walfangschiffe nähern?

Kleine Helfer

Der Putzerlippfisch ist dafür bekannt, dass er Parasiten und abgestorbene Haut vom Körper, von den Kiemen und sogar aus den Mäulern größerer Lebewesen knabbert. Vor der Ostküste Australiens sah ich ein KORALLEN-CHAMÄLEON, das sich von Kopf bis Schwanzflosse von einem Blaustreifen-Putzerlippfisch verwöhnen ließ.

16. September 1873, Bahia, Brasilien

Am Abend entdeckten Silas und ich an Steuerbord eine Gruppe von Wassergeistern und Delfinen. Ich fand, das sei die perfekte Gelegenheit, um Professor Wyville Thomson und den Rest der Besatzung auf unsere Entdeckungen aufmerksam zu machen. Wer das sah, musste uns doch glauben, dass es Nixen und Wassermänner gibt! Ich wollte die anderen holen, doch Silas packte mich am Arm. „Ich weiß, dass du in Wirklichkeit eine Frau bist", flüsterte er mir ins Ohr. „Wenn du ihnen sagst, was wir wissen, verrate ich ihnen dein kleines Geheimnis."

Ich bin aufgeflogen! Wenn Silas mich verrät, muss ich bei der nächsten Gelegenheit von Bord gehen. Wie kann er es wagen, mir zu drohen? Aber ich habe keine Wahl. Ich muss schweigen. Wahrscheinlich will er den ganzen Ruhm unserer Entdeckungen für sich beanspruchen, wenn wir nach England zurückkehren. Ich bin so wütend und traurig, ich könnte schreien!

Das Lied der Sirene

In alten Sagen und Märchen sprechen Nixen mit Menschen und betören Seefahrer mit ihrem Gesang, um deren Schiffe auf gefährliche Riffe zu locken. Aber wie kommunizieren Wassergeister wirklich? Ich bin auf viele Methoden gestoßen – in Muschelschalen gekratzte Symbole, Stimmlaute und Zeichensprache. Einige Spezies können sogar die Farbe wechseln, um einander Nachrichten zu übermitteln.

Zeichensprache der Wassergeister

Einige Nixen und Wassermänner kommunizieren über Handzeichen miteinander. Ich beherrsche diese Sprache nicht gut, aber ein paar Zeichen habe ich mir gemerkt.

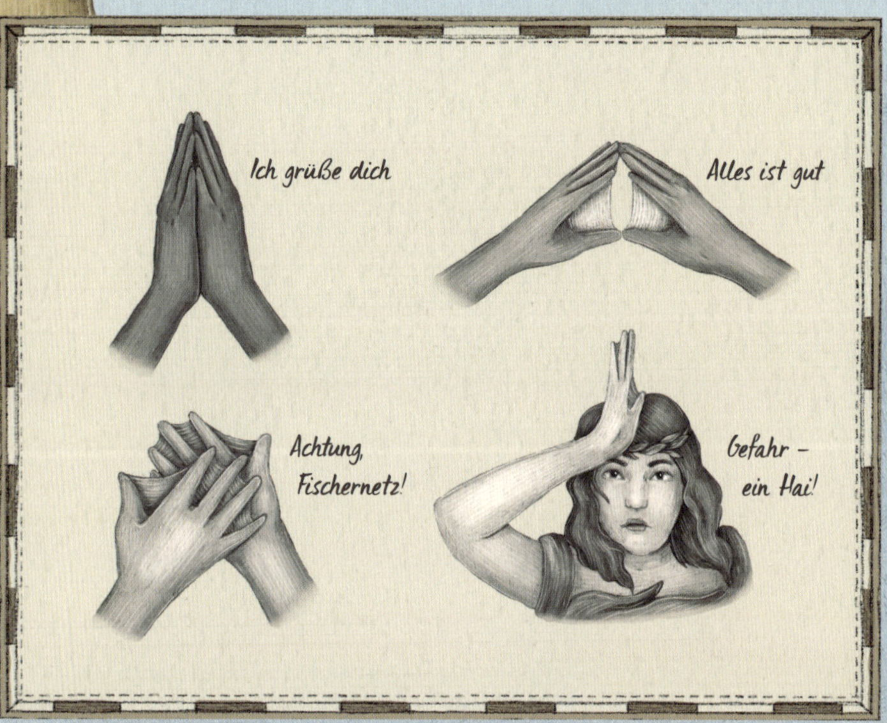

Laute und Geräusche

Viele Meeressäugetiere kommunizieren über Laute. Buckelwale geben ganz ausgefeilte „Gesänge" von sich, die unter Wasser kilometerweit zu hören sind, und Delfine zwitschern und pfeifen sich gegenseitig etwas zu. Manche Wassergeister kommunizieren auf ähnliche Weise, indem sie Klicklaute, Schreie und Triller in wiederholten Mustern von sich geben. Für das menschliche Ohr sind diese Töne kaum zu deuten, aber ich glaube, dahinter steckt ein ausgeklügeltes Sprachsystem.

Einmal sah ich eine Nixe am Ufer, die in ein Schneckenhorn blies, und kurz darauf versammelten sich ihre Artgenossen um sie.

Mythos und Wahrheit

Sitzen Nixen wirklich auf Felsen und singen betörende Melodien, um Seeleute ins Verderben zu leiten? Nach allem, was ich beobachtet habe, kann ich behaupten: nein. Wenn Nixen das Wasser verlassen, um ihr Haar zu pflegen, machen sie Geräusche, die ein wenig traurig klingen. Wahrscheinlich rufen sie so ihre Gruppe zu sich, oder es sind kleine Schmerzensschreie, wenn sie eine verfilzte Haarsträhne kämmen. Für Menschen sind diese Laute sicher nicht gedacht. Matrosen sind ziemlich arrogant, wenn sie sich einbilden, dass diese Darbietung der Nixe speziell für sie bestimmt ist!

Meeresrunen

Mit unseren Netzen holten wir gelegentlich auch Steine an die Oberfläche, in die seltsame Zeichen eingeritzt waren. Ich dachte mir gleich, es könnten Schriftzeichen der Wassergeister sein, aber ich hatte keine Ahnung, was sie bedeuteten. Eines Tages war eine große Muschel dabei, die mit geheimnisvollen Symbolen versehen war, aber auch Verse in einer anderen Sprache enthielt. Später stellte sich heraus, dass es die altindische Sprache Sanskrit war, und ich ließ das Gedicht übersetzen. Standen die Gelehrten des alten Indiens vielleicht mit den Wassergeistern in Kontakt? Auf jeden Fall konnte ich so die Buchstaben des Nixen-Alphabets, das ich „Meeresrunen“ nenne, entziffern. Hier das Originalgedicht mit Übersetzung und ein weiteres Beispiel für die Nixen-Schrift.

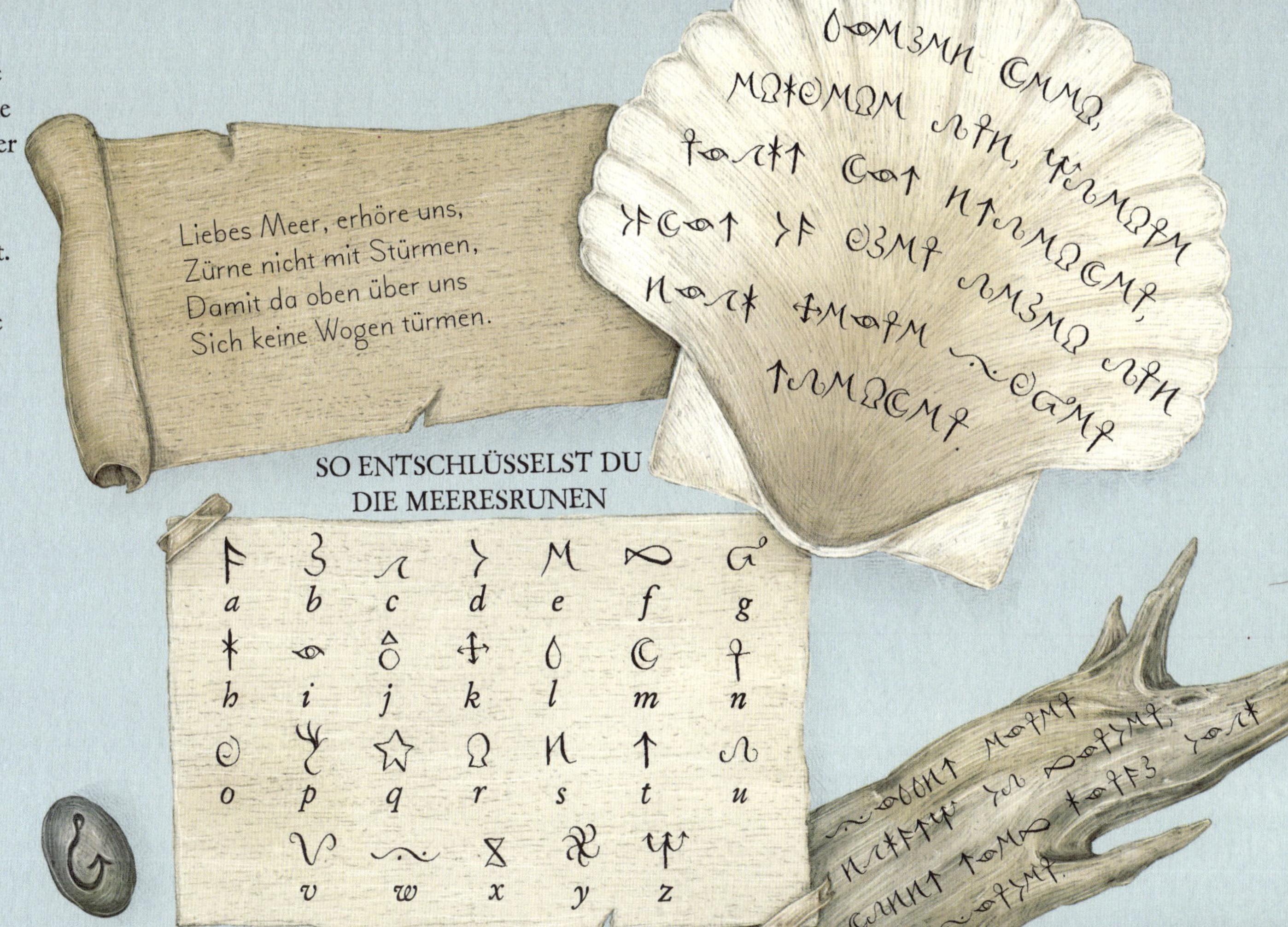

Spezialkräfte

Viele Wassergeister kommunizieren in einer Form, die wir Menschen nicht verstehen. So wie Tintenfische ihre Farbe blitzschnell ändern können, um Feinde abzuschrecken oder Partner anzulocken, kommunizieren auch manche Wassergeister durch Farbwechsel miteinander. Und in der Tiefsee erzeugen einige Spezies Lichtblitze, mit denen sie ebenfalls Nachrichten übermitteln.

28. Oktober 1873, Kapstadt, Südafrika

Seit etwa einem Monat muss ich jetzt die Zähne zusammenbeißen und weiter Seite an Seite mit Silas arbeiten, auch wenn ich ihn nicht mehr ausstehen kann. Heute Morgen, als wir das Netz einholten, hatten wir wieder eine Nixe gefangen. Sie war nur etwa einen Meter lang, hatte einen grün schillernden Schwanz, bläulich gesprenkelte Haut, einen V-förmigen Fleck auf der Stirn und trug eine Schnur mit einer Muschel um den Hals. Das arme Ding schien vor Angst wie versteinert. Silas befahl mir, ihm zu helfen, sie in eines der Labore zu schmuggeln. Dort nahm er ihr das Halsband ab und setzte sie in ein Aquarium.

Ich sagte Silas, dass wir das auf keinen Fall vor den anderen geheim halten könnten, aber er versicherte mir, er werde sie freilassen, sobald er einige Beobachtungen gemacht habe. Im Aquarium erwachte sie aus ihrer Schockstarre. Sie fletschte die Zähne, starrte uns böse an, schwamm wild hin und her und hämmerte mit den Fäusten gegen das Glas. Silas scheuchte mich hinaus und schloss die Tür ab.

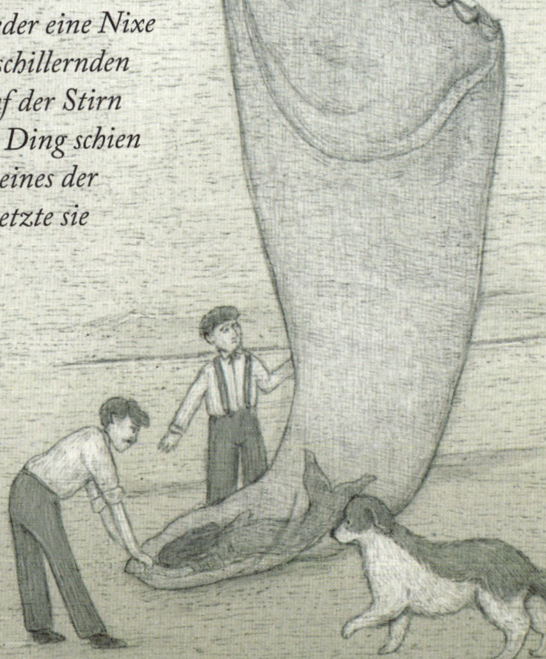

Feinde der Wassergeister

Auch wenn Wassergeister über viele clevere Möglichkeiten verfügen, sich zu verteidigen, haben sie einige tödliche Feinde, von denen sie gejagt werden. Von Riesenkalmaren in der Tiefsee bis hin zu Seevögeln mit scharfen Schnäbeln – die Welt der Wassergeister ist voller Gefahren.

Die SELKIE ist leichte Beute für einen Weißen Hai. Wenn sich einer nähert, flieht sie schnell.

1. Tyrann des Ozeans

Der überall gefürchtete König der Meere ist der Hauptfeind der Wassergeister: der Weiße Hai. Vor der Küste Südafrikas jagen diese Raubfische Pelzrobben und ihre Freunde, die Selkies, wenn sie gemeinsam auf dem Weg zu ihren Futterplätzen sind. Die Haie lauern in der Tiefe und schnellen nach oben, um sich Jungtiere zu schnappen, die von der Gruppe getrennt wurden.

2. Versteckter Feind

Muränen, die sich in Felsspalten verstecken, machen vielen Wassergeistern zu schaffen. Immer wieder kommt es zu Revierkämpfen. Mit ihren scharfen Zähnen und ihrem starken, gewundenen Körper sind Muränen schwer zu besiegen.

3. Gefahr aus der Tiefe

Mehrere Tausend Meter unter der Meeresoberfläche leben extrem seltsame Kreaturen. Dort, in der Tiefsee, ist das Reich eines geheimnisvollen Riesen, der mit acht gewaltigen Armen und zwei Greifarmen bewaffnet ist. Obwohl ich keinen Riesenkalmar bei der Jagd beobachten konnte, nehme ich an, dass auch Tiefsee-Wassergeister auf seinem Speiseplan stehen.

4. Tödliche Umarmung

Die Schwimmblase der Portugiesischen Galeere sieht harmlos aus, aber die Tentakel, die sie hinter sich herzieht, werden jedem Wassergeist, der das Pech hat, sich darin zu verheddern, zum Verhängnis. Sie sind mit Tausenden Nesselzellen versehen, mit denen die Qualle ihre Beute lähmt, bevor sie sie verzehrt.

5. Attacke aus der Luft

Wassergeister scheinen sich mit einigen Seevögeln gut zu verstehen, aber von größeren, aggressiveren Arten werden sie hin und wieder angegriffen. In südlichen Gewässern stellt der Riesensturmvogel eine Gefahr für sie dar, im Nordatlantik die Mantelmöwe. Kleinere Wassergeister müssen vor allem vorsichtig sein, wenn sie das Wasser verlassen, um sich das Haar zu kämmen.

6. Die größte Bedrohung?

Wenn wir über die Feinde der Wassergeister sprechen, dürfen wir den Menschen nicht vergessen. Nixen und Wassermänner gehen uns generell aus dem Weg und halten sich von Küstensiedlungen und Fischerbooten fern. Trotzdem kann es passieren, dass sie sich in Netzen verheddern oder ihre Behausungen und Kinderstuben von Schleppnetzen verwüstet werden. Von der Verschmutzung der Meere ganz zu schweigen ...

Sicherheit und Schutz

Wie verteidigen sich Wassergeister gegen ihre Feinde? Durch sorgfältige Beobachtung habe ich bei ihnen eine Reihe von Taktiken entdeckt. Einige Spezies benutzen Waffen (siehe Seite 24) und basteln sich Körperpanzer aus Muscheln. Andere besitzen natürliche Abwehrmechanismen, die den cleveren Tricks anderer Meeresbewohner ähneln.

Wenn er von einem Hai bedroht wird, schluckt der KUGELWASSERMANN Wasser und bläht sich zu einem stacheligen Ball auf, den keiner freiwillig fressen würde.

Ähnlich wie der Rotfeuerfisch, mit dem er den Lebensraum teilt, nutzt der STACHELIGE SEEDRACHE seine giftigen Stacheln, um Fressfeinde fernzuhalten.

Abwehrmechanismen

Je mehr ich über die Unterwasserwelt erfahre, desto mehr staune ich über die Fähigkeiten ihrer Bewohner. Viele Wassergeister haben beeindruckende Mittel gefunden, um sich gegen Feinde zu wehren – von Stacheln und giftigem Schleim bis hin zu ausgeklügelten Fluchtmethoden.

Mit seinen auffälligen Farben hält der MANDARIN-TAUCHER andere Lebewesen auf Abstand. Wenn er angegriffen wird, sondert er einen hochgiftigen Schleim ab.

Um Feinde zu verwirren, lässt der PAZIFISCHE WANDERER eine Wolke aus schwarzer Tinte ins Wasser. Das lenkt die Angreifer gerade lange genug ab, damit der Wassergeist Reißaus nehmen kann.

Wie ein Stachelrochen versteckt der SIYOKOY eine tödliche Waffe unter seiner Schwanzflosse. Wenn er bedroht wird, injiziert er Angreifern damit ein schmerzhaftes Gift.

30. Oktober 1873, Kapstadt, Südafrika

Unsere Nixe ist jetzt wieder im Meer, wo sie hingehört. Aber ihr Halsband hat Silas behalten. Ich habe es mir noch nicht genau anschauen können, aber immerhin habe ich schnell eine Skizze gemacht. Es ist wunderschön … Vielleicht hatte unsere Nixe einen gehobenen Status?

Muscheln und ihre Verwendung

Einige Arten von Wassergeistern haben keine angeborenen Abwehrmechanismen, also bauen sie sich ihre eigenen. Diese Abbildung zeigt, welche Muscheln Nixen und Wassermänner für welche Zwecke verwenden – für Rüstungen, als Helme, als Kommunikationsmittel oder Schmuck.

Versteckspiel

Die Kunst der Tarnung ist für viele Lebewesen überlebenswichtig. Sowohl Raubfische als auch ihre Beute tarnen sich: Dem Jäger hilft es, sich unbemerkt seiner Beute zu nähern. Der Beute hilft es, sich vor dem Jäger zu verstecken. In der Welt der Wassergeister ist das nicht anders: Diese einfallsreichen Wesen verfügen über zahlreiche Möglichkeiten, sich zu tarnen und zu verstecken.

Meister der Tarnung

Die TANG-NYMPHE lebt in den wunderschönen Tangwäldern Südaustraliens. Diese winzige, sanftmütige Kreatur kann sich zwischen den Seetangblättern praktisch unsichtbar machen: Sie verfügt über blattartige Körperteile, die genauso aussehen wie der Seetang. Diese Art der Tarnung, bei der ein Lebewesen einem anderen ähnelt, nennt man „Mimese".

Dieser Wassergeist sieht dem Fetzenfisch ähnlich, einem Verwandten des Seepferdchens, mit dem er seinen Lebensraum teilt.

Kaum zu erkennen

Im warmen Wasser der Karibik sah ich eine Spezies von Nixen, deren Schwanzflosse genauso aussieht wie das Blatt einer Fächeralge. Um sich vor Fressfeinden zu schützen, versteckt sich die KARIBISCHE MEERESNYMPHE immer in einem Bett von Fächeralgen.

Farbwechsel

Das KORALLEN-CHAMÄLEON greift zu einer ähnlichen List wie Kraken und Tintenfische, um nicht gesehen zu werden: Dank spezieller Zellen in der Haut kann es blitzschnell die Farbe wechseln und sich so zwischen den bunten Korallen des Riffs verstecken.

Das KORALLEN-CHAMÄLEON kann aber nicht nur seine Farbe ändern, sondern sogar die Beschaffenheit seiner Haut. So verschmilzt es förmlich mit den umgebenden Felsen.

Gegenschattierung

Viele Meeresbewohner wenden einen Trick an, den man „Gegenschattierung“ nennt. Wale, Haie und Pinguine haben einen dunklen Rücken und einen hellen Bauch. So verschmelzen sie mit dem dunklen Meer, wenn man sie von oben sieht, und mit dem hellen Himmel, wenn man sie von unten betrachtet. Auch MALABAR-NIXEN, die manchmal zusammen mit Buckelwalen in tropischen Gewässern unterwegs sind, besitzen diese nützliche Zeichnung.

Streifenmuster

Auch wenn man meinen könnte, dass das Muster von gestreiften Tieren wie Zebras sie erst recht auffällig macht, ist das Gegenteil der Fall: Der Wechsel von hell und dunkel verwirrt Feinde und lässt die Umrisse des Tiers verschwimmen. Diese Art der Tarnung benutzt auch der auffällig gezeichnete RIFFENGEL.

Silberne Sirenen

Wie Schwarmfische haben viele Wassergeister silberne Schuppen, die das Licht reflektieren, sodass sie schwer zu erkennen sind, wenn sie nahe der sonnenbeschienenen Meeresoberfläche schwimmen. Diese Tarntechnik ist besonders im offenen Meer nützlich, wo es keine Verstecke gibt.

16. Dezember 1873, Kapstadt, Südafrika

Morgen beginnen wir die nächste Etappe unserer Reise, die uns zur Südspitze der Erdkugel führt. Zwei Monate waren wir in Kapstadt und haben darauf gewartet, dass das Schiff dafür ausgerüstet wird, ins Polarmeer vorzudringen. Der Ozean rund um die Antarktis ist weitgehend unerforscht, also wissen wir nicht recht, was uns erwartet – wir sind alle sehr aufgeregt. Natürlich werde ich wieder nach Wassergeistern Ausschau halten. Ob es dort welche gibt? Oder ist es im Eismeer zu kalt für sie, um zu überleben?

Wassergeister der Welt

Wassergeister leben in allen Weltmeeren, von den eisigen Gewässern an Nord- und Südpol bis zu den warmen Fluten der Tropen und überall dazwischen. Dass mir auf unserer Reise so viele verschiedene Spezies begegnet sind (einige sind hier abgebildet), hat mich sehr überrascht. Nicht weniger überraschend fand ich, dass niemand sonst an Bord sie bemerkte. Wenn man Nixen entdecken will, muss man eben nicht nur geduldig sein, sondern auch aufgeschlossen und aufmerksam.

Afrika
Mami Wata
(Atlantischer Ozean)
Yemoja
(Golf von Guinea)
Atlantik-Harlekin
(Atlantischer Ozean)
Riffengel
(Indischer Ozean)
Asien
Jiaoren
(Südchinesisches Meer)
Malabar-Nixe
(Indischer Ozean)
Shin-ji-ke
(Gelbes Meer)
Ningyo
(Japanisches Meer)
Australasien und Ozeanien
Regenbogen-Nymphe
(Indischer und Pazifischer Ozean)
Fidschi-Nixe
(Pazifischer Ozean)
Korallenriff-Pania
(Pazifischer Ozean)
Tang-Nymphe
(Südpolarmeer)
Antarktis
Felsenpinguin-Nixe
(Südpolarmeer)
Südpolar-Nixe
(Südpolarmeer)

Lebens-räume

Wer sich mit Wassergeistern beschäftigt, sollte auch ihre verschiedenen Lebensräume untersuchen. Jede Spezies ist ihrer Umgebung perfekt angepasst. Wassergeister, die in Seetangwäldern hausen, haben beispielsweise grünes Haar, mit dem sie sich besser verstecken können, während die Angler-Nixe ihre Beute in der pechschwarzen Tiefsee mit einem leuchtenden Köder anlockt. Dieses Buch widmet sich Wassergeistern, die im Meer leben. Aber auch ihre Verwandten in Flüssen und Seen verdienen es, erforscht zu werden.

Küste und Strand

Viele Wassergeister leben in Küstengewässern, in der Nähe von Felsen- oder Sandstränden. Hier gibt es mehr Nahrung als im offenen Meer, und sie finden geschützte Stellen, um ihren Nachwuchs großzuziehen. Andererseits laufen sie in Küstennähe immer Gefahr, Menschen zu begegnen, weshalb sie sich besonders viel Mühe geben, sich zu verstecken.

Mangroven

An vielen tropischen Küsten befinden sich Mangrovenwälder, die Tag für Tag von der Flut überspült werden und bei Ebbe wieder trocken liegen. Hier im Brackwasser leben Meeresschnecken, Muscheln, Würmer und Krebse – schmackhafte Leckerbissen, die neben anderen Meeresbewohnern auch Nixen und Wassermänner anziehen.

Seegraswiesen

Seegraswiesen wachsen in flachen Gewässern auf der ganzen Welt. Es sind dichte Felder aus Gras, das am Meeresboden verwurzelt ist. Dieser wertvolle Lebensraum bietet vielen Meeresbewohnern Nahrung und Zuflucht, auch Wassergeistern, die sich zwischen den wogenden Halmen verstecken.

Tangwälder

Seetang ist eine Algenart, die in flachem, kühlem Wasser dichte Wälder bildet. Hier hausen alle möglichen Meeresbewohner, von Seeottern, Robben und Seesternen bis hin zu verschiedenen Arten von Wassergeistern, die sich mit ihrem grünen Haar gut verstecken können.

Polarmeer

Man könnte meinen, dass ein Eismeer viel zu kalt für Wassergeister ist, aber ein paar Spezies haben sich an die frostigen Gewässer angepasst. Wie andere Kaltwassersäuger haben sie eine dicke Speckschicht, die sie vor den eisigen Temperaturen schützt.

Offenes Meer

Weit weg von allen Küsten bilden die Ozeane riesige Flächen, die den größten Teil der Erde bedecken. Auch hier leben einige Spezies von Wassergeistern – in den Meeresschichten nahe der Oberfläche, in die noch Sonnenlicht dringt, aber auch weiter unten, in der finsteren Tiefsee.

Felsige Riffe

Gesteinsformationen, die knapp unter oder teilweise über der Wasseroberfläche liegen, bieten mit ihren vielen Spalten und Kanten Platz für zahlreiche winzige Lebewesen. Von diesen ernähren sich größere Tiere, daher geht es dort sehr lebhaft zu. Auch Wassergeister suchen hier nach Nahrung. Manchmal sieht man sie sogar auf den Felsen sitzen.

Korallenriffe

Korallenriffe bestehen aus Milliarden von winzigen Tierchen, sogenannten Korallenpolypen, die in flachen tropischen Gewässern zusammen harte Strukturen bilden. Diese lebende Landschaft zieht viele farbenfrohe Lebewesen an, darunter auch Wassergeister.

In der Tiefe

Der Ozean wird je nach Tiefe in verschiedene Zonen eingeteilt. Je tiefer man kommt, desto dunkler und kälter ist es. In den einzelnen Zonen leben ganz unterschiedliche Kreaturen. Weit unten in der Tiefsee tummeln sich einige sehr seltsame und gefährliche Wassergeister.

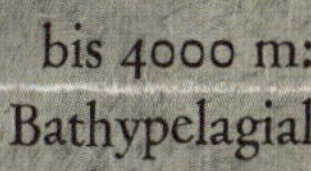

Wassergeister der Polarmeere

Rund um den Nordpol und den Südpol herrschen bitterkalte Temperaturen und heftige Winde. Man könnte meinen, dass eine solche Umgebung nichts für Wassergeister wäre, aber einige besonders abgehärtete Spezies haben clevere Methoden entwickelt, mit denen sie im Polarmeer überleben können.

Beluga-Nixe
(Syreni beluga)

Diese Wassergeister sind oft zusammen mit Gruppen von Belugas unterwegs. Im Gegensatz zu anderen Polar-Wassergeistern scheinen sie keine Speckschicht gegen die Kälte zu besitzen. Vielleicht enthält ihr Blut eine Substanz, die sie davor schützt, zu erfrieren?

Lebensraum: Eiskalte Gewässer.

Region: Nordpolarmeer.

Merkmale: Aufgrund ihrer weißen Farbe können sich Beluga-Nixen gut zwischen Eisschollen verstecken. Da sie keine Rückenflosse haben, können sie auch unter dem Eis schwimmen.

Verhalten: Beluga-Nixen verständigen sich mit Belugas durch hohe Quietsch- und Pfeiflaute.

Südpolar-Nixe
(Syreni australis)

Die Südpolar-Nixe ist eine der größten Wassergeist-Spezies und wird bis zu drei Meter lang. Sie wird manchmal mit einem Orca verwechselt und hat eine Speckschicht, die sie im eiskalten Südpolarmeer, wo sie die Sommermonate verbringt, warm hält.

Lebensraum: Kältere Gewässer, Küsten und offenes Meer.

Region: Südpolarmeer und angrenzende Gebiete.

Merkmale: Schwarzer Rücken und weißer Bauch; wärmende Speckschicht.

Verhalten: Sie sind gute Schwimmer. Sie gehen gemeinsam auf die Jagd und treiben Fische zu einem dichten Schwarm zusammen, damit sie leichter zu fangen sind. Im Wechsel der Jahreszeiten legen sie weite Strecken zurück, um neue Futtergewässer zu finden.

Walross-Wassermann
(Syreni havsmän)

Im Gegensatz zu den meisten anderen scheint diese Wassergeist-Spezies keine Kiemen zu haben, daher muss sie regelmäßig auftauchen, um Luft zu holen. Aus diesem Grund sieht man sie manchmal außerhalb des Wassers auf einer Eisscholle sitzen.

Lebensraum: Kalte Küstengewässer.

Region: Nordpolarmeer und angrenzende Gebiete.

Merkmale: Walrossähnlicher Schwanz; wärmende Speckschicht; Stoßzähne.

Verhalten: Wie Walrosse benutzen diese Wassergeister ihre Stoßzähne, um sich vom Wasser aus auf das Eis zu ziehen.

Felsenpinguin-Nixe
(Syreni penguinis)

Diese Nixen teilen ihren Lebensraum mit den geselligen Felsenpinguinen. Im Wasser bewegen sie sich sehr elegant, aber an Land wirken sie fast so ungeschickt wie ihre gefiederten Freunde. Auf der Inselgruppe Tristan da Cunha konnte ich mehrere solcher Nixen beim Kämmen beobachten.

Lebensraum: Kalte Gewässer und felsige Strände.

Region: Inseln im Norden der Antarktis.

Merkmale: Mit ihrem schwarz-weißen Körper und gefiederten Kopfkamm können sie sich leicht unter Pinguine mischen.

Verhalten: Beim Kämmen bleiben sie in der Nähe der Pinguine, da deren schrille Schreie sie auf die Anwesenheit von Raubmöwen, Sturmvögeln und anderen gefährlichen Seevögeln aufmerksam machen.

Sedna
(Syreni arctica)

Die Sedna ist nach der Meeresgöttin aus den Sagen der Inuit benannt. Sie hat so dicke Schwimmhäute zwischen den Fingern, dass ihre Hände wie Flossen aussehen. Sie lebt eng mit Narwalen zusammen, die man manchmal auch die „Einhörner des Meers" nennt.

Lebensraum: Eiskalte Gewässer.

Region: Nordpolarmeer und angrenzende Gebiete.

Merkmale: Gesprenkelter Schwanz, der dem eines Narwals ähnelt; ausgeprägte Schwimmhäute; wärmende Speckschicht.

Verhalten: Von ihrem Winterquartier an der Küste Grönlands aus streifen Gruppen von Sednas durch enge Passagen im arktischen Eis zu den futterreichen Buchten weiter nördlich. Auf dieser gefährlichen Reise schwimmen sie an der Seite von Narwalen, für die sie nach hungrigen Orcas und Eisbären Ausschau halten.

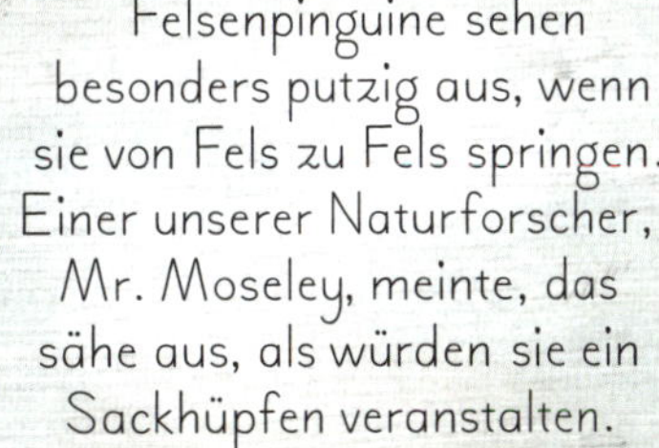

9. Februar 1874, Antarktis

Wir sind jetzt so weit im Süden, dass wir zwischen riesigen Eisbergen hindurchsegeln. Hier im Südpolarmeer sind wir Tausende Kilometer vom nächsten Hafen entfernt. Letzte Nacht brach eine riesige Welle durch zwei Bullaugen und überflutete die Krankenstation. Silas hatte große Angst und meinte, wir müssten alle ertrinken, aber die Besatzung blieb ganz ruhig und behob das Problem. Jeden Tag stehe ich in ein Schaffell gehüllt an Deck und bewundere die Schönheit der Eisberge mit ihren Blau- und Grüntönen, ihren Höhlen und Vertiefungen, Zinnen und Gipfeln. Ich staune, dass es selbst an diesem unwirtlichen Ort Wassergeister gibt – man muss nur wissen, wonach man suchen muss!

Wassergeister der Küsten

Die Küste eignet sich hervorragend, um nach Nixen und Wassermännern Ausschau zu halten, denn hier treffen die Welten der Wassergeister und der Menschen aufeinander. Allerdings sind die Wassergeister dort auch besonders geschickt darin, sich zu verstecken, um Menschen aus dem Weg zu gehen.

Selkie
(*Syreni phoca*)

Die Selkie ist nach einer mythischen „Robbenfrau" aus der nordeuropäischen Folklore benannt, die angeblich zeitweise als Robbe im Wasser und zeitweise als Mensch an Land lebt. Dass die echten Selkies ihre Gestalt verändern und ihr Robbenfell ablegen können, um an Land zu gehen, halte ich allerdings für einen Mythos.

Lebensraum: Küstengewässer und Strände.

Region: Kältere Teile des Atlantiks und des Nordpazifiks.

Merkmale: Gesprenkelte Schwanzflosse, ähnlich wie die einer Robbe.

Verhalten: Die Selkie verbringt die meiste Zeit im Wasser, aber manchmal sieht man die Nixe auf Felsen oder am Strand sitzen und sich kämmen. Selkies sind überraschend neugierig, daher sind sie eine der am häufigsten gesichteten Spezies.

Merrymaid
(*Syreni zennora*)

In dem Dorf Zennor in Cornwall gibt es eine alte Sage über eine Nixe, die jede Woche aus dem Meer kam, um in die Kirche zu gehen. Eines Sonntags war sie vom Gesang eines Kirchgängers so verzaubert, dass sie sich in ihn verliebte. Sie lächelte ihn an, und er folgte ihr ins Meer. Keiner der beiden wurde je wieder an Land gesehen – sie lebten glücklich zusammen unter Wasser. Meiner Meinung nach sind solche Beziehungen zwischen Menschen und Wassergeistern reine Fantasie. Trotzdem wurde die Sage sicherlich durch Sichtungen der Merrymaid inspiriert, die an der Küste Cornwalls lebt.

Lebensraum: Küstengewässer und abgelegene felsige Buchten.

Region: Nordeuropa.

Merkmale: Grünblauer Schwanz, leicht gestreift wie bei einer Makrele. Das Haar der Weibchen ist besonders lang. Die Haut ist durch eine schleimige Schicht geschützt, damit sie an Land nicht austrocknet.

Verhalten: Weil ihr Haar so lang ist, dauert das Kämmen länger als bei anderen Arten, deshalb sieht man sie häufig außerhalb des Wassers.

Melusine
(Syreni alata)

Diese europäische Spezies besitzt ganz außergewöhnliche „Flügel". Sie hat ihren Namen von der geflügelten Nixe einer französischen Sage.

Lebensraum: Unterwasserhöhlen und felsige Meeresküsten.

Region: Östlicher Atlantik und Mittelmeer.

Merkmale: Die Melusine hat verlängerte Brustflossen, die wie Flügel aussehen.

Verhalten: Wie ein fliegender Fisch kann die Melusine über die Wasseroberfläche gleiten, wenn sie vor Feinden flieht.

Die Sage von Melusine

Der Sage nach war Melusine eine schöne junge Frau, die an sechs Tagen pro Woche ein Mensch war, sich aber jeden Samstag in eine Nixe verwandelte. Ein französischer Fürst verliebte sich in sie und hielt um ihre Hand an. Sie willigte ein, unter der Bedingung, dass er sie samstags nicht anschauen durfte. Die Jahre vergingen, und das Paar war glücklich, bis Melusines neugieriger Ehemann eines Samstags sein Versprechen brach und heimlich in ihr Zimmer schaute, wo eine silberne Schwanzflosse über den Rand der Badewanne ragte. Melusine war wütend, dass er ihr auf die Schliche gekommen war. Sie breitete die Flügel aus und flog davon.

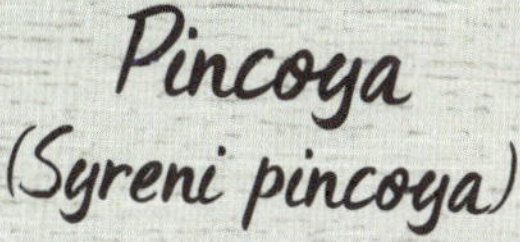

Pincoya
(Syreni pincoya)

In Chile erzählte man sich früher von einer gutmütigen Nixe, die an den Stränden der Insel Chiloé tanzte und die man La Pincoya nannte. Tatsächlich tauchen in der Morgen- und Abenddämmerung an abgelegenen Stränden im Westen Südamerikas immer wieder Nixen auf. An Land robben sie unbeholfen auf dem Bauch herum. Kommt daher die Sage über die „tanzende" Nixe?

Lebensraum: Küstengewässer und vorgelagerte Inseln.

Region: Pazifikküste von Südamerika.

Merkmale: Gestreifter Schwanz, ähnlich wie beim Bonito; langes grünes Haar.

Verhalten: Mit ihrer gemusterten Haut und dem grünen Haar ist die Pincoya gut getarnt. Aufmerksame Beobachter können sie trotzdem manchmal an felsigen Stränden zwischen Humboldt-Pinguinen entdecken.

Wassergeister der Tangwälder

Genau wie Wälder an Land unzähligen Pflanzen und Tieren ein Zuhause bieten, sind auch die Tangwälder unter Wasser Lebensraum für erstaunlich viele Geschöpfe. Inmitten von Algen und Seetang sind auch diverse Spezies von Wassergeistern zu Hause.

Tang-Nymphe
(*Syreni phycodura*)

Die Tang-Nymphe ist eine Meisterin der Tarnung und lebt versteckt in den Tangwäldern an der Küste Südaustraliens. Diese scheue Kreatur ist sehr schwer zu entdecken. Mit nur 30 Zentimetern Länge zählt sie zu den kleinsten Wassergeistern.

Lebensraum: Tangwälder.

Region: Küstengewässer Südaustraliens.

Merkmale: Wegen der blattähnlichen Lappen am Körper dieser Meeresnymphe kann man sie leicht für ein Stück treibenden Seetang halten. Zwischen den Lappen hat sie kleine Flossen, mit denen sie sich fortbewegt.

Verhalten: Aufgrund ihrer winzigen Flossen kann sie nur langsam schwimmen. Statt vor Fressfeinden zu fliehen, verlässt sie sich daher auf ihre Tarnung. Anders als die Sargassosee-Nymphe kann die Tang-Nymphe ihren Schwanz nicht einrollen, um sich an Pflanzen festzuklammern. Bei Stürmen läuft sie daher Gefahr, fortgetrieben zu werden.

Merrow
(*Syreni ibernia*)

Die grünhaarigen Wassergeister, die vor der irischen Küste anzutreffen sind, haben ihren Namen von Sagengestalten. Der Sage nach sind weibliche Merrows schön und männliche hässlich. Aber das hat sich jemand ausgedacht – ich kann das jedenfalls nicht bestätigen.

Lebensraum: Seichte Gewässer und Höhlen an der Küste.

Region: Irische See, Keltische See und einige Gegenden im Nordostatlantik.

Merkmale: Schwanzflosse mit silbern schimmernden Schuppen; grünes, algenartiges Haar, das zur Tarnung dient.

Verhalten: Merrows können sich nicht lange an Land aufhalten, weil ihre empfindlichen Schuppen sonst austrocknen. Der Gesang der Merrows klingt für Menschen besonders faszinierend.

Jiaoren
(Syreni sinesis)

In der chinesischen Folklore ist Jiaoren eine gutherzige Nixe, die zarte „Drachenseide“ weben kann und deren glitzernde Tränen sich in Perlen verwandeln. Solche Geschichten wurden vielleicht von den realen Nixen im Chinesischen Meer inspiriert, die sich gelegentlich mit Perlen aus Austern schmücken.

Lebensraum: Seichte Gewässer, zwischen Blättern von Rotalgen.
Region: Westpazifik, insbesondere Chinesisches Meer.
Merkmale: Die Schwanzflosse mit ihren grünen Fransen hilft den Jiaoren, sich im wogenden Seetang zu verbergen.
Verhalten: Die friedfertigen Vegetarier ernähren sich von Unterwasserpflanzen und verstecken sich vor Feinden wie Hammerhaien.

Sargassosee-Nymphe
(Syreni sargassi)

Ein riesiges Gebiet des Nordatlantiks ist von schwimmenden Wäldern aus Seetang bedeckt. Die Sargassosee, die nach diesem Tang benannt ist, wird zu allen Seiten von Meeresströmungen begrenzt. Hier sind unter anderen der Europäische Aal, die Unechte Karettschildkröte und die scheue Sargassosee-Nymphe zu Hause.

Lebensraum: Schwimmende Wälder aus Sargassum.
Region: Nordatlantik.
Merkmale: Die Schwanzflosse ähnelt der eines Seepferdchens.
Verhalten: Die winzigen Sargassosee-Nymphen schlingen ihren Schwanz um Tangzweige, um nicht fortzutreiben. Sie verlassen den Schutz des Tangwaldes nur selten.

Nehwas
(Syreni algae)

Dieser nordamerikanische Wassergeist ist nach zwei Schwestern aus dem Sagenschatz des Volkes der Passamaquoddy benannt. Der Sage nach verbot die Mutter den Mädchen, schwimmen zu gehen, aber sie gehorchten nicht und schlichen sich heimlich fort, um im Meer zu baden. Dort wurden sie dann in Nixen verwandelt.

Lebensraum: Kaltwasser-Tangwälder.
Region: Nordatlantikküste Nordamerikas.
Merkmale: Blattähnliche Schwanzflossen; das Haar ähnelt den Strängen des Seetangs.
Verhalten: Nehwas verbringen die meiste Zeit nahe der Meeresoberfläche zwischen dem wogenden Tang. Es braucht viel Energie, um sich im kalten Wasser warm zu halten, daher sparen die Wassergeister ihre Kräfte, indem sie sich nicht zu viel bewegen.

Die Eltern wickeln ihre Jungtiere manchmal in Seetangblätter ein, damit sie nicht fortgetrieben werden.

2. April 1874, Rodondo, Tasmanien

Jeden Tag gibt es neue Probleme. Immer wieder reißen die Peilleinen, die Netze gehen kaputt, Matrosen werden krank … Nichts klappt, wie es sollte. Heute Morgen sind wir getaucht, um einen wunderschönen Unterwasserwald aus Seetang zu erkunden – da ging ausnahmsweise alles glatt. Aber als wir auftauchten, sah Silas aus, als hätte er einen Geist gesehen. Er war überzeugt davon, zwischen den Blättern genau jene Nixe gesichtet zu haben, die wir in Kapstadt gefangen hatten. Bestimmt irrt er sich. Oder vielleicht doch nicht?

Ein Garten unter Wasser

Algen gibt es in vielen verschiedenen Formen und Größen. Die größten Arten bezeichnet man als Tang oder Seetang. Seeleute und Fischer ärgern sich zwar oft über Tang, wenn er Häfen verstopft oder sich in Fischernetzen verheddert, aber Algen sind für die Ozeane extrem wichtig. Sie bieten vielen Meeresbewohnern (auch Wassergeistern) Nahrung und Schutz. Ohne Algen würde es im Meer kein Leben geben.

1. Korallenalge

Diese Algen bilden in Gezeitentümpeln oder auf dem flachen Meeresboden dichte Teppiche. Einige Wassergeister ernähren sich von den winzigen Lebewesen, die zwischen den Blättern hausen.

2. Purpurtang

Dieser nahrhafte Tang, den wir Menschen gerne beim Kochen verwenden, steht auch bei Wassergeistern auf dem Speiseplan. Er kommt weltweit vor. An der chinesischen Küste leben die Jiaoren inmitten der wogenden Wedel des Purpurtangs.

3. Sargassum

Dieser goldbraune Seetang wächst in allen Weltmeeren, vor allem aber im Nordatlantik, wo er der Sargassosee, der Heimat der Sargassosee-Nymphe, ihren Namen gab.

4. Ecklonia

Wie die meisten Seetangarten mag Ecklonia kaltes Wasser. Dieser Tang wächst in dichten Wäldern an einigen Küsten der Südhalbkugel. Vor der Küste Südaustraliens versteckt sich die seltene Tang-Nymphe zwischen seinen Blättern.

5. Meerlattich

Von den krausen Blättern des Meerlattichs ernähren sich die Bewohner aller Ozeane, darunter auch Seekühe und Wassergeister.

12. Irisch Moos

Dieser blättrige Tang ist das Lieblingsessen der Merrows. Er ist an den Küsten des Nordatlantiks weit verbreitet. Man kann ihn an Felsen finden, wenn die Flut zurückgeht.

11. Fingertang

Den goldbraunen Fingertang findet man bei Ebbe an den Küsten des Nordatlantiks. Das Haar mancher Wassergeister ähnelt seinen Blättern.

10. Riesentang

Der Riesentang, die größte Algenart, kann in einer Tiefe von über 30 Metern wachsen. Vor der Küste Südafrikas bildet er riesige wogende Wälder, in denen Selkies Schutz finden.

6. Zuckertang

Dieser Tang ist bei Wassergeistern wegen seines süßen Geschmacks sehr beliebt. Er ist an den Küsten des Nordatlantiks verbreitet. Vor der Nordostküste Nordamerikas wohnen die Nehwas in Zuckertangwäldern.

7. Blasentang

Der Blasentang wächst an den Küsten des Nordatlantiks sowie in der Nord- und Ostsee. Er hat kleine Gasblasen, die den Blättern Auftrieb geben. Wer genau hinsieht, entdeckt zwischen den Zweigen vielleicht Eier von Nixen.

8. Grüne Federalge

Die zarte Federalge, die auf sandigen Meeresböden in tropischen Gewässern wächst, ist das Lieblingsessen mehrerer Wassergeist-Spezies.

9. Gemeiner Darmtang

Dieser Seetang hat leuchtend grüne, röhrenförmige Wedel, die manchmal in großen Büscheln an der Oberfläche schwimmen, in denen Wassergeister Zuflucht suchen.

Wassergeister der Mangroven

Die Mangroven sind ein bemerkenswerter Lebensraum: halb Land, halb Meer. Die meisten Bäume würden in dem salzigen Wasser eingehen, aber die Mangrovenbäume sind hart im Nehmen. Sie wachsen in Wäldern an tropischen Küsten und haben verschlungene Wurzeln, die im Meeresboden verankert sind. Darin leben viele Wesen im Wechsel der Gezeiten.

Malaiische Nixe (Syreni dugon)

Heutzutage wird oft behauptet, dass Sagen über Nixen entstanden sind, weil Seeleute Dugongs und Manatis sahen. Obwohl einige Spezies, wie die Malaiische Nixe, oft in Gesellschaft dieser sanftmütigen Meeressäuger gesichtet werden, sind sie nur entfernt mit ihnen verwandt. Wie jemand eine Nixe mit einer schwerfälligen Seekuh verwechseln kann, ist mir schleierhaft!

Lebensraum: Seegraswiesen und Mangrovenwälder.

Region: Südwestpazifik.

Merkmale: Das Haar ähnelt den Wurzeln der Mangroven; die Haut ist oft mit einer Algenschicht bedeckt, die sie vor Sonnenbrand schützt.

Verhalten: Der Mangrovenapfel, auch Berembang genannt, ist die Lieblingsspeise der Malaiischen Nixe.

Siyokoy (Syreni philippinarum)

In den Volksmärchen der Philippinen werden Siyokoys als böse Kreaturen beschrieben, die Schiffe versenken. In Wirklichkeit sind diese Wassergeister viel weniger furchterregend, auch wenn sie einen giftigen Stachel haben, mit dem sie sich gegen Fressfeinde wehren.

Lebensraum: Mangrovenwälder, Flussmündungen und Lagunen.

Region: Küstengewässer der Philippinen.

Merkmale: Grüne Haut; Bartfäden, mit denen sie Beute aufspüren; giftiger Stachel unter der Schwanzflosse.

Verhalten: Um von oben nicht gesehen zu werden, schwimmt der Siyokoy oft unter den ausgebreiteten Seitenflossen von Stachelrochen.

Anders als seine Freunde, die Wassergeister, bleibt der Dugong immer unter Wasser und frisst Seegras.

24. Juli 1874, Matuku, Fidschi

Die letzten Wochen waren furchtbar. In den stürmischen Gewässern vor Neuseeland wurde ein Matrose, der sich über die Reling beugte, um die Tiefe des Meers zu messen, von einer gewaltigen Welle mitgerissen. Das hat uns alle erschüttert, aber Silas schien besonders mitgenommen zu sein. Er sagte mir auch, warum: Er glaubt, die Nixe, die wir gefangen hatten, hat uns und unser Schiff verflucht! Ich mache mir Sorgen um seinen Geisteszustand. Jetzt sind wir auf Fidschi. Ich hoffe, ein paar Wochen auf diesen wunderschönen Inseln werden die Stimmung der Besatzung heben.

Mami Wata
(Syreni uati)

Die nach einer mächtigen afrikanischen Wassergöttin benannte Mami Wata kann mit etwas Glück an Küsten und in Flussmündungen beobachtet werden.

Lebensraum: Mangrovenwälder und Seegraswiesen.
Region: Küstengewässer Westafrikas.
Merkmale: Die Mami Wata ist sehr anpassungsfähig und kann sich dank einer Schutzschicht auf der Haut, die das Austrocknen verhindert, länger außerhalb des Wassers aufhalten.
Verhalten: Diese Nixe hat eine interessante Beziehung zur Schwarzweißen Hutschlange. Ihr Gesang scheint die Schlange anzuziehen, die sich wie in Trance um sie windet. Das ist praktisch: Mit einer tödlichen Kobra in der Nähe hält die Nixe ihre Feinde in Schach!

Fidschi-Nixe (Syreni melanesia)

Um die Fidschi-Inseln herum gibt es tatsächlich Nixen, und sie haben nichts mit der grässlichen Fälschung zu tun, die der Betrüger P. T. Barnum seinem Publikum präsentiert hat (siehe Seite 11). Unter den verschlungenen Wurzeln der Mangrovenbäume versteckt sich die echte Fidschi-Nixe vor Salzwasserkrokodilen, die gelegentlich in diesen Gewässern unterwegs sind.

Lebensraum: Mangrovenwälder und Lagunen.
Region: Fidschi und die umliegenden Südseeinseln.
Merkmale: Gesprenkelte Haut, mit der sie sich zwischen den Unterwasserwurzeln der Mangroven tarnt.
Verhalten: Diese scheue Nixe wagt sich nie weit aus dem Schutz der Mangrovensümpfe heraus, wo sie sich von Austern und Strandschnecken ernährt.

Auch der Schlammspringer fühlt sich hier zu Hause. Wie die Wassergeister kann er im Wasser und an Land leben. Der Schlammspringer atmet Luft durch die Haut und benutzt an Land seine Vorderflossen als „Füße“.

Wassergeister der Korallenriffe

Die Korallenriffe der tropischen Meere nennt man wegen ihrer Fülle an Leben auch „Regenwälder des Ozeans". Korallen in verschiedenen Farben und Formen bilden gewaltige Formationen, die von unzähligen Meerestieren bewohnt werden. Diese fressen die Korallen oder suchen in ihnen Schutz. Mehrere Spezies von Wassergeistern sind in Korallenriffen zu Hause.

Korallen-Chamäleon
(Syreni corallii)

Bei einem Tauchgang am Great Barrier Reef in Australien hätte ich diese bemerkenswerte Kreatur beinahe übersehen. Ich beobachtete gerade einige kleine Fische, die sich um eine farbenfrohe Koralle tummelten, da sah ich aus dem Augenwinkel, wie sich ein großes Stück Koralle löste und an einer anderen Stelle niederließ. Es war gar keine Koralle, sondern eine perfekt getarnte Nixe!

Lebensraum: Korallenriffe.
Region: Westlicher Pazifik.
Merkmale: Das Korallen-Chamäleon besitzt die erstaunliche Fähigkeit, seine Farbe und die Beschaffenheit seiner Haut zu verändern, um sich an das Riff anzupassen.
Verhalten: Die Koralle bietet diesen Wassergeistern einen ausgezeichneten Platz zum Verstecken. Im Gegenzug entfernen sie Algen und halten so das Riff sauber.

Riffengel (Syreni angelica)

Diese Spezies sieht in jeder Entwicklungsphase dem Imperator-Kaiserfisch ähnlich: Die Jungtiere sind dunkelblau mit weißen Streifen, die erwachsenen Nixen und Wassermänner leuchtend blau mit gelben Streifen. Die weiße Rückenflosse erinnert an Engelsflügel.

Lebensraum: Korallenriffe.
Region: Indischer und Pazifischer Ozean.
Merkmale: Ausgeprägte Rückenflosse; giftige Tentakel statt Haar, um Fressfeinde fernzuhalten.
Verhalten: Sie schützen das Riff, indem sie die gefräßigen Dornenkronenseesterne abpflücken, die die Korallen zerstören.

Regenbogen-Nymphe
(Syreni polycolor)

Mit einer Länge von bis zu 1,3 Metern gehört die Regenbogen-Nymphe zu den größeren Riffbewohnern. Diese Art hat einen schönen leuchtend bunten Schwanz, der dem der Papageienfische ähnelt.

Lebensraum: Korallenriffe.
Region: Indischer und Pazifischer Ozean.
Merkmale: Schillernder, mehrfarbiger Schwanz.
Verhalten: Wegen ihres auffälligen Aussehens hat es die Regenbogen-Nymphe schwer, sich vor Haien und anderen Raubfischen zu verstecken. Doch sie ist für ihre Größe erstaunlich wendig und nimmt bei Gefahr schnell Reißaus.

Stacheliger Seedrache
(Syreni venenata)

Mit seinen zarten Flossen und der prächtigen Zeichnung sieht der Stachelige Seedrache wunderschön aus. Aber Vorsicht! Seine versteckten Giftstacheln können jedem Angreifer schwere Verletzungen zufügen.

Lebensraum: Korallenriffe und küstennahe tropische Gewässer.
Region: Tropischer Atlantik.
Merkmale: Genau wie der Rotfeuerfisch besitzt der Stachelige Seedrache Giftstacheln. Die auffälligen Streifen dienen zur Warnung.
Verhalten: Ganz gelassen schwimmen diese Wassergeister um Korallenriffe herum. Sie wissen, dass ihnen wegen ihrer gefährlichen Stacheln niemand etwas tut.

Mandarin-Taucher
(Syreni splendida)

Der leuchtend bunte Mandarin-Taucher huscht wie ein flinkes Juwel über die Korallenriffe. So klein er auch ist: Für Fressfeinde ist er tödlich!

Lebensraum: Geschützte Lagunen und Korallenriffe.
Region: Westlicher Pazifik.
Merkmale: Die leuchtenden Farben warnen Angreifer, dass der Mandarin-Taucher giftig ist.
Verhalten: Der kleine Wassergeist verteidigt aggressiv sein Revier gegen Muränen und andere Feinde, und setzt dabei sogar selbst gebaute Waffen ein. Notfalls kann er einen stinkenden giftigen Schleim absondern.

30. August 1874, Great Barrier Reef, Australien

Wir sind die ganze letzte Woche durch das Korallenmeer gesegelt. Wir konnten uns Cape York, dem nördlichsten Punkt Australiens, nur langsam nähern: Der Kapitän ist sehr vorsichtig, denn die flachen Gewässer sind voller Riffe, die schnell ein Loch in den Schiffsrumpf reißen können. Das Navigieren überlassen wir Wissenschaftler lieber den Seeleuten. Wir widmen uns währenddessen der Katalogisierung der verschiedenen Korallenarten und erforschen die unzähligen Geschöpfe, die um die Korallen herum leben.

Dass wir mit unseren Netzen immer wieder Stücke von Korallen abbrechen, gefällt mir gar nicht. Ich habe den Eindruck, dass sich das Leben am Riff in einem empfindlichen Gleichgewicht befindet, das der Mensch nicht stören sollte …

Korallenriff-Pania
(Syreni pania)

Der Name dieser Spezies von Wassergeistern, die in den Gewässern vor der Nordküste Neuseelands lebt, ist einer Sage der Maori entlehnt.

Lebensraum: Subtropische Riffe.

Region: Südwestlicher Pazifik.

Merkmale: Ungewöhnlich langer Schwanz, der zum Schlafen als Anker um einen Felsen geschlungen wird.

Verhalten: Diese zurückgezogen lebenden Wassergeister meiden Menschen um jeden Preis.

Shin-ji-ke
(Syreni korea)

Diese Art ist nach einer Nixe aus einer koreanischen Sage benannt, die als Wächterin der Inselgruppe Geomundo gilt. Offenbar ziehen sie jeden Herbst nach Süden, um in den wärmeren Gewässern am Äquator den Winter zu verbringen.

Lebensraum: Riffe und Küstengewässer.

Region: Gelbes Meer und Gewässer weiter südlich.

Merkmale: Der fächerförmige Schwanz ähnelt einem Stück Koralle.

Verhalten: Die Flossen und der Schwanz der Shin-ji-ke sind ideal, um sich am Korallenriff zu tarnen, aber nicht kräftig genug für lange Strecken. Wenn sie weite Reisen unternehmen, lassen sie sich von Meeresschildkröten mitnehmen.

Die Sage von Pania

Pania war eine Nixe, die Karitoki heiratete, den Sohn eines Maori-Häuptlings. Immer wenn es dunkel wurde, kam sie an Land, um Zeit mit ihrem Ehemann zu verbringen. Sobald die Sonne aufging, musste sie zurück ins Meer. Bald war Karitoki genervt, weil ihm niemand glaubte, dass er eine Ehefrau hatte, denn außer ihm hatte sie noch niemand gesehen. Da verriet ihm ein alter Mann, Pania würde für immer an Land leben müssen, wenn sie gekochte Nahrung aß. Also steckte Karitoki ihr im Schlaf etwas Essen in den Mund. Doch eine Eule schrie und weckte Pania. Entsetzt, dass ihr Mann sie in die Falle locken wollte, spuckte sie das Essen aus und floh ins Meer. Karitoki sah sie nie wieder.

Korallengalerie

Ein Korallenriff ist ein lebender Organismus: Es besteht aus Milliarden von winzigen Tieren, sogenannten Polypen. Sie haben ein hartes Außenskelett und schichten sich übereinander auf, um Korallen zu bilden. Im Inneren der Polypen leben winzige Algen, von denen sich die Korallen ernähren und die ihnen ihre schönen Farben verleihen. Hier sind einige Korallenarten, die mit bestimmten Spezies von Wassergeistern in Verbindung gebracht werden.

Hirnkoralle

Hier zu finden: Stacheliger Seedrache

Hirschgeweihkoralle

Hier zu finden: Korallen-Chamäleon

Feuerkoralle

Hier zu finden: Mandarin-Taucher

Blätterkoralle

Hier zu finden: Riffengel

Tafelkoralle

Hier zu finden: Regenbogen-Nymphe

Wassergeister der Tropen

Die Tropen sind die Regionen, die direkt nördlich und südlich des Äquators liegen. Die tropischen Meere sind das ganze Jahr über warm, das Wasser ist klar, die Sonne scheint auf Korallenriffe und Inseln mit Palmen. Die Wassergeister, die hier leben, scheinen ein angenehmes Leben zu führen. Doch dass das Wasser so klar ist, liegt daran, dass es hier weniger Plankton gibt als in kühleren Ozeanen. Und weniger Plankton am unteren Ende der Nahrungskette bedeutet weniger Nahrung für alle. Hier muss man erfinderisch sein, um satt zu werden.

Karibische Meeresnymphe
(Syreni flabelli)

Auf den Jungferninseln beobachtete ich mehrere Karibische Meeresnymphen, die auf Felsen am Rande eines Sandstrands saßen. Es sah aus, als würden sie ein Sonnenbad nehmen. Regulieren sie so vielleicht ihre Körpertemperatur?

Lebensraum: Tropische Küstengewässer und Lagunen.
Region: Karibisches Meer.
Merkmale: Der Schwanz dieser Art ähnelt der Fächeralge, die überall in der Karibik vorkommt.
Verhalten: Diese Nixe benutzt einen Speer oder Dreizack, um Fische zu jagen und sich gegen Riffhaie und Barrakudas zu verteidigen.

Malabar-Nixe
(Syreni malabar)

Malabar-Nixen leben monatelang in der Nähe des Äquators, aber wenn der Sommer kommt, ziehen sie – oft zusammen mit Buckelwalen – nach Süden in kühlere Gewässer, wo es mehr Nahrung gibt.

Lebensraum: Je nach Jahreszeit unterschiedlich.
Region: Indischer Ozean.
Merkmale: Der dunkle Rücken und der helle Bauch dienen der Tarnung (siehe Seite 35).
Verhalten: Wenn sie in den Tropen sind, kümmern sich die Männchen um den Nachwuchs, während die Weibchen Fische jagen, vor allem Makrelen.

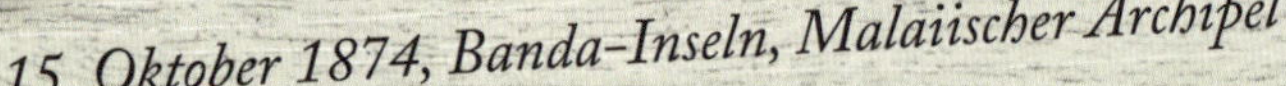

15. Oktober 1874, Banda-Inseln, Malaiischer Archipel

Ich fürchte, Silas hatte recht. Die Nixe, die wir Tausende Kilometer von hier entfernt vor Kapstadt gefangen hatten, verfolgt uns! Heute haben wir sie wieder gesehen: Als wir vor der Banda-Inselgruppe vor Anker gingen, tauchte sie am Heck des Schiffs auf. Ich erkannte sofort den ungewöhnlichen V-förmigen Fleck auf ihrer Stirn. Warum in aller Welt ist sie uns so weit gefolgt? Was will sie?

Yemoja
(Syreni yemoja)

Diese nach einer Wassergöttin der Yoruba in Nigeria benannte Spezies lebt in warmen, flachen Gewässern rund um die Küsten und Inseln Westafrikas.

Lebensraum: Tropische Lagunen und Küstengewässer.

Region: Golf von Guinea und umliegende Gewässer.

Merkmale: Sie tragen Kaurischnecken als Schmuck.

Verhalten: Diese Wassergeister haben eine enge Beziehung zu Großen Tümmlern. Sie schwimmen gemeinsam mit ihnen und spielen zusammen.

Kugelwassermann nach dem Aufblasen.

Kugelwassermann
(Syreni spinosa)

Diese kleinen Wassergeister haben eine ungewöhnliche Methode, um sich zu verteidigen. Wenn sich ein Raubfisch nähert, schlucken sie Wasser und blähen sich zu einem großen, stacheligen Ball auf, den keiner fressen kann. Kugelwassermänner können auch aufgeblasen gut schwimmen, müssen aber aufpassen, dass sie nicht umkippen und kopfüber dahintreiben.

Lebensraum: Korallen- und Felsenriffe.

Region: Pazifik und Indischer Ozean.

Merkmale: Stachelpanzer, der bei Gefahr aufgeblasen wird.

Verhalten: Der Kugelwassermann verbringt die meiste Zeit auf dem Meeresboden und bläst Wasser in den Sand, um Schnecken, Seeigel und Krabben freizulegen.

Kugelwassermann vor dem Aufblasen.

Suvannamaccha
(Syreni siama)

In der thailändischen Folklore ist Suvannamaccha eine Nixen-Prinzessin, die sich in den hinduistischen Affengott Hanuman verliebt. Der Sage nach lernen sie sich kennen, als die Nixe und ihre Gefährten Steine stehlen, mit denen Hanuman eine Brücke zwischen Indien und Sri Lanka bauen will. Die Sage hat einen wahren Kern: Ich habe eine Wassergeist-Spezies beobachtet, die sich mit Steinen unter Wasser Häuser baut (deshalb habe ich sie nach Suvannamaccha benannt).

Lebensraum: Warme, flache Gewässer.

Region: Indischer Ozean.

Merkmale: Segmentierter Schwanz, der dem einer Garnele ähnelt; schützender Kopfschmuck aus einer Turmschnecke.

Verhalten: Die Suvannamacchas sind eine der wenigen Spezies, die sich unter Wasser aus Steinen Behausungen bauen.

Lebensraum: Mesopelagial (200-1000 Meter Tiefe).
Region: Pazifischer Ozean (und eventuell andere Meere).
Merkmale: Strahlende Lichter an der Unterseite des Körpers; große Augen, um das wenige Sonnenlicht in diesen Tiefen einzufangen.
Verhalten: Der Glühwurm-Wassermann kann seine Lichter ein- und ausschalten, um Fressfeinde wie Pelikanaale und Riesenkalmare zu verwirren.

Wassergeister der Tiefsee

Bevor die *Challenger* zu ihrer Fahrt aufbrach, war die Tiefsee eine geheimnisvolle, ganz und gar unerforschte Welt. Eines der Ziele unserer Reise war es, mehr über das Leben in diesen dunklen Tiefen herauszufinden. Zu unserer Überraschung stellten wir fest, dass es in allen Meeresschichten Leben gibt, viel tiefer, als man bisher vermutet hatte. Und ich entdeckte, dass es sogar in der Tiefsee Nixen und Wassermänner gibt, auch wenn sie ganz anders aussehen als ihre Verwandten weiter oben.

Glühwurm-Wassermann (*Syreni stellarum*)

Diese Tiefsee-Wassergeister haben strahlende Lichter an ihrer Unterseite, ähnlich wie Leuchtsardinen. Vielleicht sind sie so von unten schwerer zu erkennen, wenn von oben das Tageslicht einfällt?

Lichter in der Dunkelheit

In den pechschwarzen Gewässern stießen wir auf wunderliche Wesen, die seltsam leuchteten. Offenbar besitzen viele Tiefseekreaturen strahlende Körperteile, mit denen sie Beute anlocken oder Feinde blenden.

23. März 1875, Marianeninseln, Westpazifik

Als wir heute Morgen in der Nähe der Marianen im Philippinischen Meer segelten, wollten wir die Wassertiefe messen. Die Lotleine brauchte ewig, um abgespult zu werden. Sie zeigte eine so außergewöhnliche Tiefe an, dass wir es zuerst gar nicht glauben wollten – hatte vielleicht die Strömung die Leine abgetrieben? Wir versuchten es noch einmal, diesmal mit zusätzlichen Gewichten: Wieder betrug die Tiefe mehr als acht Kilometer. Eine solche Tiefe haben wir auf der ganzen Fahrt noch nicht gemessen. Die Vorstellung, dass sich unter uns so gewaltige Wassermassen befinden, lässt mich erschaudern. Was für Monster dort wohl lauern?

Angler-Nixe
(Syreni piscator)

Genau wie beim monströsen Anglerfisch ragt aus dem Kopf der Angler-Nixe eine Art Leine mit einem leuchtenden Köder, der vor ihrem offenen Mund baumelt und kleine Fische anlockt.

Ich war ganz aufgeregt, als wir uns mit der Taucherglocke in die Tiefen des Ozeans hinabwagten. In der Tiefsee ist das Gewicht des Wassers, das von oben auf einen drückt, immens: Laut unserem Forschungsleiter, Professor Wyville Thomson, entspricht der Druck, der in einer Tiefe von 2000 Faden (etwa 3,7 Kilometern) auf einem Menschen lastet, dem Gewicht von zwanzig mit Eisenblöcken beladenen Güterzügen! Zum Glück ist die Taucherglocke mit ihren dicken Stahlwänden und der Kugelform so konstruiert, dass sie diesem Druck standhält. Kreaturen, die in dieser Tiefe leben können, müssen ganz besondere Fähigkeiten haben ...

Lebensraum: Bathypelagial (1000–4000 Meter Tiefe).
Region: Pazifischer Ozean (und eventuell angrenzende Meere).
Merkmale: Leine mit leuchtendem Köder; scharfe Zähne.
Verhalten: Um nicht aufzufallen, kann die Angler-Nixe ihren leuchtenden Köder hinter einem Hautlappen verstecken.

Lebensraum: Abyssopelagial (4000–6000 Meter Tiefe).
Region: Pazifischer Ozean (und eventuell angrenzende Meere).
Merkmale: Leuchtende, giftige Membranen von den Armen bis zur Schwanzflosse; der Kiefer lässt sich ausrenken, um große Beute zu verschlingen.
Verhalten: Sobald Beutetiere durch die Membranen gelähmt sind, werden sie im Ganzen verschluckt.

Tiefsee-Phantom
(Syreni umbrosa)

Das wunderschöne, aber tödliche Tiefsee-Phantom treibt lautlos durch die dunkelsten Tiefen des Ozeans. Es ist in einen leuchtenden Schleier gehüllt, um Fische anzulocken, die es mit dem Licht hypnotisiert. Das Licht ist das Letzte, was sie im Leben sehen.

Wassergeister des offenen Meers

Während die *Challenger* über die Weltmeere segelte, erblickte ich noch Hunderte Kilometer von der Küste entfernt Nixen und Wassermänner. Sie waren immer in großen Gruppen unterwegs und legten weite Strecken zurück, um Nahrung oder einen sicheren Ort zu finden, um ihren Nachwuchs aufzuziehen. Für ihre langen Reisen haben diese Wassergeister besonders muskulöse Schwanzflossen.

Ostpazifischer Springer
(*Syreni vätea*)

Zu bestimmten Zeiten im Jahr versammeln sich diese Wassergeister in großer Zahl am Rand von Unterwasserbergen. Sie müssen sich vor Hammerhaien in Acht nehmen, die sich ebenfalls dort aufhalten, vielleicht weil die aufsteigende Strömung Nährstoffe ins Wasser befördert.

Lebensraum: Offenes Meer.
Region: Ost- und Südpazifik.
Merkmale: Kräftiger delfinartiger Schwanz; stromlinienförmiger Körper.
Verhalten: Diese Kreaturen gehören zu den akrobatischsten Wassergeistern. Sie schnellen aus dem Wasser und vollführen beeindruckende Sprünge.

Atlantik-Harlekin
(*Syreni atlantica*)

Diese farbenfrohen Wassergeister habe ich an mehreren Orten gesichtet: vor der Ostküste Nordamerikas, im Norden Südamerikas und vor den Küsten Afrikas.

Lebensraum: Offenes Meer und Küstengewässer.
Region: Atlantischer Ozean.
Merkmale: Die Färbung von Schwanz und Flossen erinnert an den Eber-Lippfisch.
Verhalten: Diese geselligen Wassergeister reisen immer im Familienverband.

13. September 1875, mitten im Pazifik

Heute haben wir einen lieben Freund verloren: einen klugen jungen Forscher namens Rudolf von Willemoes-Suhm. Er hatte eine Woche lang Fieber, ausgelöst durch eine Hautentzündung. Der Schiffsarzt tat, was in seiner Macht stand, konnte Rudolf aber nicht retten. Wir stehen alle unter Schock. Im Laufe der letzten Monate ist Silas immer unberechenbarer geworden. Er ist ganz besessen von der Nixe, die unser Schiff verfolgt, und macht sie für jedes kleine Unglück an Bord verantwortlich. Rudolfs Tod hat alles natürlich nur noch schlimmer gemacht. Er ist überzeugt davon, dass der Fluch der Nixe uns alle vernichten wird. Ich sage ihm immer wieder, dass das irrationaler Unsinn ist, aber er will nicht hören.

Ningyo
(Syreni ningyo)

Diese Art ist nach einem hässlichen fischähnlichen Wesen aus der japanischen Folklore benannt. Der Sage nach verursacht die Ningyo Stürme und bringt den Fischern Unglück, aber wenn man ihr Fleisch isst, wird man unsterblich. Die Geschichte basiert wahrscheinlich auf Sichtungen der echten Ningyos, auch wenn diese Wassergeister viel hübscher sind, als es die Erzählungen vermuten lassen. Bestimmt hat noch niemand versucht, eine Ningyo zu essen. (Was für ein furchtbarer Gedanke!)

Lebensraum: Offenes Meer und Küstengewässer.
Region: Japanisches Meer.
Merkmale: Kräftige Schwanzflosse; ineinandergreifende Schuppen, die wie ein Körperpanzer aussehen.
Verhalten: Ningyos jagen Fische, indem sie sie gemeinsam einkreisen und zu einem dichten Schwarm zusammentreiben.

Pazifischer Wanderer
(Syreni peregrina)

Pazifische Wanderer verbringen die meiste Zeit ihres Lebens draußen auf dem Meer und kommen nur zur Eiablage in die flachen Gewässer vor den Küsten abgelegener Inseln.

Lebensraum: Offenes Meer und Küsten abgelegener Inseln.
Region: Nordpazifik.
Merkmale: Mit dem giftigen Tentakelhaar halten sie Angreifer in Schach; sie können außerdem Tintenwolken abgeben, um Fressfeinde zu verwirren.
Verhalten: Diese Wassergeister sind immer in Bewegung und schlafen sogar auf offener See in aufrechter Position.

14. September 1875, mitten im Pazifik

Letzte Nacht, als ein Sturm über das Deck fegte, fand ich Silas am Bug des Schiffs. Er lehnte sich in den Wind und die Gischt, und machte dabei ein grimmiges Gesicht. Er griff in die Tasche, zog das Halsband mit der Muschel heraus und warf es in die tosenden Wellen.

Er sagte, wenn die Besitzerin ihr Schmuckstück zurückhabe, werde sie uns hoffentlich nicht mehr verfolgen. Damit sollte der „Fluch" gebrochen sein, der seit Kapstadt auf uns lastete. Er war ganz außer sich. Er meinte, die Wassergeister seien gefährliche, mächtige Geschöpfe. Wir müssten sie in Ruhe lassen und dürften niemals über unsere Entdeckungen sprechen – zu unserer eigenen Sicherheit. Das ist natürlich abergläubisches Geschwätz. Aber ich lasse ihm seinen Willen, zumindest bis wir wieder in England sind …

Das Ende der Reise

Am 24. Mai 1876 traf die *Challenger* wieder in England ein. 1250 Tage hatte unsere Reise gedauert, und wir hatten 127 000 Kilometer zurückgelegt. Die Expedition wurde weltberühmt. Wir hatten Tausende neue Arten entdeckt und ganz neue Erkenntnisse über das Leben im Meer gewonnen. Vorher hatte man gar nicht gewusst, dass es unter Wasser riesige Berge und tiefe Gräben gibt. Dass wir auch Nixen und Wassermänner gesehen hatten, wurde aus Angst und Aberglauben totgeschwiegen. Ich finde aber, dass diese Entdeckung zu wichtig ist, um nicht davon zu berichten. Die Wahrheit muss endlich ans Licht kommen!

Schutz für Wassergeister

Natürlich ist es nicht ganz ungefährlich, dieses Wissen zu offenbaren. So, wie die Menschen mit der Natur umgehen, könnten sie eine echte Bedrohung für das Leben der Wassergeister werden. Deshalb bitte ich alle, die dieses Buch lesen, sich dafür einzusetzen, den Lebensraum der Nixen und Wassermänner, das Meer, zu schützen.

Nixen auf der Spur

Du fragst dich vielleicht, warum viele Arten nicht schon früher entdeckt wurden, wenn es doch so viele verschiedene Wassergeister gibt. Natürlich sind viele längst gesichtet worden, von Seefahrern oder Strandspaziergängern. Aber niemand hat ihren Berichten geglaubt. Außerdem sind Wassergeister Experten darin, Menschen zu meiden. Wer sich selbst auf die Suche machen will, sollte geduldig das Meer beobachten und auf diese verräterischen Zeichen achten:

- Zerbrochene Muschelschalen auf einem Felsen als Reste einer Mahlzeit
- Korallenstücke, Haifischzähne oder Muscheln mit Löchern darin, die vorher an einer Halskette befestigt waren
- Weggeworfene Kämme, Speerspitzen oder andere Werkzeuge
- Angeschwemmte Steine mit eingravierten „Meeresrunen"
- Klagende Laute einer Nixe, die ihr Haar entwirrt und dabei „singt"

Für alle, die mehr erfahren wollen …

Dieses Buch ist das Ergebnis jahrelanger Forschungen und bietet dennoch nur einen kleinen Einblick in die bemerkenswerte Welt der Nixen und Wassermänner. Ihre Spezies sind so vielfältig, dass es weiterhin viel zu entdecken gibt. Aber ich bin froh, dass ich die Chance hatte, um die Welt zu reisen und meine Neugier zu stillen. Ich hoffe, die Informationen auf diesen Seiten werden andere dazu inspirieren, ebenfalls die Welt zu erkunden und neue wunderbare Entdeckungen zu machen.

St Michael's Rectory
Church Street
Lyme Regis
Dorset, England

18. Juli 1880

Sehr geehrter Herr,

es ist nun fast zwei Monate her, dass ich Ihnen schrieb, und ich habe noch immer keine Antwort erhalten. Bitte verzeihen Sie mir meine Ungeduld, Sir, aber ich mache mir langsam Sorgen, ob mein Paket vielleicht verloren gegangen ist. Ich wäre Ihnen sehr dankbar, wenn Sie mir bestätigen könnten, dass die Ergebnisse meiner Forschungen in sicheren Händen sind.

Ich bin gespannt auf Ihre Antwort und darauf, was Sie von meinem Buch halten. Ich hoffe, Sie sind mit mir einer Meinung, dass wir im Geiste der Offenheit und Transparenz unser Wissen über Nixen und Wassermänner mit der Fachwelt teilen sollten.

Ich verbleibe in freudiger Erwartung Ihrer Antwort
Ihre
Darcy Delamare

The British Society of Natural Sciences
Devonshire House
Piccadilly
London

22. Juli 1880

Sehr geehrte Frau Delamare,

bitte entschuldigen Sie die verspätete Antwort auf Ihren Brief. Wie Sie sich vorstellen können, fand ich Ihr Paket so ungewöhnlich, dass ich ein wenig Zeit brauchte, um über eine passende Antwort nachzudenken.

In der Zwischenzeit habe ich mich mit anderen Mitgliedern der Challenger-Expedition beraten, darunter Silas Crickshaw. Im Gegensatz zu Ihrer Schilderung war Herr Crickshaw bei bester Gesundheit und im Vollbesitz seiner geistigen Kräfte. Gehe ich recht in der Annahme, dass Herr Crickshaw der Einzige ist, der Ihre angeblichen Sichtungen von Nixen und Wassermännern bestätigen kann? Dann muss ich Ihnen leider mitteilen, dass sich sein Bericht erheblich von dem Ihren unterscheidet. Er wollte die Sichtung solch bizarrer Kreaturen nicht bestätigen, und so sehe ich mich veranlasst, den Wahrheitsgehalt Ihrer Schilderungen anzuzweifeln.

Falls Ihr Unterfangen als ein Scherz gedacht war, muss ich Ihnen wohl gratulieren, Frau Delamare. Ich gestehe: Beinahe hätten Sie mich überzeugt. Falls Sie die wissenschaftliche Fachwelt jedoch vorsätzlich täuschen wollen, möchte ich Sie an die schwerwiegenden Folgen erinnern, die es haben kann, Lügenmärchen als Tatsachen zu präsentieren. Ich werde Ihnen Ihre Unterlagen also vorerst nicht zurückschicken, sondern sie hierbehalten, um die Öffentlichkeit vor Ihren haltlosen Behauptungen zu bewahren.

Hochachtungsvoll
Bartholomew Beresford,
Vorsitzender der B. S. N. S.

Für Nicky, endlich.
Einen Ozean noch ...
– E. H.

Für Felix.
Auf dich wartet noch ein ganzes Meer
von Dingen, die es zu entdecken gilt!
– J. R.

Titel der Originalausgabe: *A Natural History of Mermaids*

Prestel Verlag, München · London · New York
ein Unternehmen der Penguin Random House Verlagsgruppe GmbH
Neumarkter Straße 28 · 81673 München

Übersetzt aus dem Englischen von Cornelius Hartz

Projektmanagement: Constanze Holler
Lektorat: Sabrina Kiefer
Herstellung: Susanne Hermann
Satz: Lisa Wagner
Druck und Bindung: Everbest Printing Co. Ltd., China

Bei diesem Buch wurden die durch das verwendete Material und die
Produktion entstandenen CO_2-Emissionen ausgeglichen, indem der
Prestel Verlag ein Projekt zur Aufforstung in Brasilien unterstützt.
Weitere Informationen zu dem Projekt unter:
www.ClimatePartner.com/14044-1912-1001

Penguin Random House Verlagsgruppe FSC® N001967

ISBN 978-3-7913-7546-5

www.prestel-junior.de